HOMMAGE
DES TOURANGELLES

AU

SIX-SIX

SEPTEMBRE 1919

FÊTES

DU RETOUR DES 66ᵉ ET 266ᵉ R. I.
ET DU 70ᵉ R. I. T.

RÉCIT DES FÊTES — DISCOURS

ILLUSTRATIONS ET POÉSIES EXTRAITES DU *LIVRE D'OR*

TOURS

IMPRIMERIE ALFRED MAME ET FILS

1919

Hommage des Tourangelles
au Six-Six

L'AUTEL DE LA PATRIE
Mairie de Tours. Fêtes de la Victoire. 14 juillet 1919.

Aux Tourangelles

Mesdames, Mesdemoiselles,

Vous venez de fêter la Victoire et le retour au foyer de ceux qui furent parmi les plus vaillants combattants de la Guerre et les plus glorieux artisans de la Paix.

Ces fêtes ont été belles, parce qu'elles furent toutes palpitantes de votre amour pour nos soldats, — pour ces héros qui, dans leur modestie égale à leur valeur, préfèrent à ce titre pompeux celui de Poilus, plus expressif et digne des petits-fils des Grognards...

Et l'ancien Royal-Touraine, qui, en 1793, faisait partie de l'armée de la Moselle sous le commandement de Hoche, — qui, en 1794, passait à l'armée de Sambre-et-Meuse, sous le commandement de Jourdan, et prenait part à la victoire de Fleurus, — la 66ᵉ demi-brigade, qui, après avoir porté ses drapeaux à Luxembourg, à Mayence, à la Guadeloupe en 1802, et qui, devenue le 66ᵉ régiment de ligne, les couvrait de gloire dans la Campagne de France, en 1814, à Berry-au-Bac, Reims, Fère-Champenoise, — n'a-t-il pas l'héritier le plus digne de son passé dans le 66ᵉ R. I., qui ne cessa de donner sur tout le front, de la Belgique jusqu'à la Lorraine, sous les commandements successifs des généraux en chef du 9ᵉ Corps d'armée : les généraux Dubois, Curé, Pentel, Niessel, Hirschauer, Mangin, et enfin le général Garnier-Duplessix, son brillant chef actuel, dont dix palmes ou étoiles ornent la croix de guerre et qui, à l'aube de la victoire finale, le mena dans une série de succès ininterrompus de Montdidier jusqu'à Sedan, — notre cher Six-Six, qui, après les cinq années de luttes tragiques et épiques, rapporte dans la ville de Tours son drapeau blessé mutilé, mais vainqueur ?..

Ce drapeau, — un des plus beaux de nos régiments de France, — fut un de ceux qui suscitèrent la plus poignante admiration lors du défilé des troupes victorieuses sous l'Arc de Triomphe de l'Étoile.

Un des officiers qui se sont le mieux battus pour lui, — un mutilé de la guerre comme lui, — notre cher et bon poète Gaston Luce, a dédié ces vers au glorieux emblème :

Encor un vert laurier de plus à ton drapeau,
Mon régiment si fier et si meurtri, qu'effleure
Un vent de gloire grave et si beau que l'on pleure
Rien qu'à voir pendre, au bois auguste, son lambeau.

Sur son cœur déchiré on peut lire : La Fère,
Pilkem, Ypres, l'Artois, Verdun, funèbres lieux
Où dorment les martyrs tombés là, sans adieux,
Où vont tant de regrets, nés de tant de misères...

Et puis, t'ayant rougi de son sang le plus pur,
O Somme, le voici maintenant qui rayonne
Et suspend une palme à la hampe d'azur,
Sur les fronts valeureux des lions de Craonne [1].

Combien, hélas! parmi ces officiers et soldats qui, le 5 août 1914, partaient avec une allégresse toute martiale, au milieu du cortège des épouses, des fiancées, des sœurs et des vieux parents aux cils mouillés, — combien ne sont pas revenus? Morts au champ d'honneur, disparus!...

A « ceux qui pieusement sont morts pour la Patrie », aux veuves et aux orphelins de la guerre et aux mutilés, la Ville de Tours dédia sa célébration du 14 juillet 1919. Je veux noter ici un des instants les plus solennels de cette fête de la Victoire et de la Paix ; car ce souvenir s'impose avant celui de la fête du retour au foyer, que vous m'avez confié le soin de fixer en ces pages, — honneur pour lequel je vous prie, Mesdames et Mesdemoiselles, d'agréer l'hommage de ma gratitude.

Devant l'Hôtel de Ville, au milieu du perron très artistement décoré de drapeaux tricolores, de verdure et de fleurs, se dresse, dans toute sa blancheur, un admirable groupe allégorique du maître sculpteur tourangeau François Sicard, — trois effigies symboliques, de haute stature : la Fraternité, coiffée du bonnet républicain, donnant la main à la Liberté, dont les chaînes sont brisées, et à l'Egalité, tenant l'équerre et le niveau. Par leur attitude calme et fière, hiératique, elles contrastent avec les robustes Atlantes qui

---

[1] *Des lumières s'éteignent*, par Gaston Luce, 1 volume, chez Eugène Figuière, éditeur, à l'enseigne du Figuier, place de l'Odéon, Paris.

soutiennent le balcon de tout leur effort ; et l'ensemble est d'une beauté harmonieuse et d'une grandeur imposante.

Au pied de cet autel de la Patrie, le vieux drapeau de nos francs-tireurs de 1870-71, sur lequel est posé le casque du Poilu de 1914-1918, avec la croix de guerre parmi des branches de chêne. Au-dessus, un écusson, un faisceau de palmes et de drapeaux aux couleurs alliées, et le mot « PAX ».

A droite et à gauche, sous l'emblème de la Croix-Rouge, des femmes et des enfants en deuil, des mutilés porteurs de fourragères, de croix de guerre, de médailles militaires, d'étoiles de la Légion d'honneur.

*Minute inoubliable !... Le cortège arrive précédé des troupes : des Alsaciennes et Lorraines offrent des gerbes aux blessés, aux veuves, mères et orphelins de la guerre ; du balcon, tombe une neige de pétales de fleurs qu'essaiment une vingtaine de jeunes filles, coiffées du bonnet de Touraine, tandis qu'éclate la **Marseillaise** et qu'une nuée de pigeons se disperse dans le ciel tout frémissant du grondement du canon et du vrombissement des avions... Et, saluant les héros et victimes de la Grande Guerre, défilent généraux français, américains, anglais, préfet et maire, autorités militaires et civiles, les délégations des sociétés, toute la population, qui, en long cortège de deuil et de fête, va au cimetière porter des couronnes et l'hommage de reconnaissance à ceux qui sont morts pour la victoire du Droit et de la Liberté.*

Le 14 septembre 1919, c'est l'hommage aux Vainqueurs ; c'est la ville entière, dans l'unanime élan de sa gratitude et de son affection, acclamant ses enfants qui lui reviennent...

Tours et la Touraine ont fait à leurs régiments un accueil enthousiaste. Tous et chacun de nos concitoyens, il faut le dire ici bien haut, se sont prodigués dans les préparatifs de cette réception mémorable.

La municipalité avait donné l'exemple. Non seulement elle avait voté des fonds pour que fussent décorés dignement nos rues et nos monuments publics, mais encore elle s'est prêtée de bonne grâce à seconder toutes les initiatives capables de rehausser l'éclat d'une fête qui n'a pas de précédent dans l'histoire de la Touraine.

L'idée est heureuse et féconde qu'a eue notre administration municipale de grouper autour d'elle une dizaine de comités, coordonnant leur action avec la direction du Comité des fêtes : à côté de l'Union générale des syndicats professionnels patronaux, celle des sociétés patriotiques et bienfaisantes, littéraires et artistiques de Touraine, les comités du boulevard Béranger, de la place Saint-Éloi, des Halles, de la place du Grand-Marché, du quartier Colbert, de la rue Nationale, de l'avenue de Grammont, de la place de la Liberté, — groupements rivalisant d'entrain, mais tous en parfaite liaison, pour orner et pavoiser les artères de la cité, le long parcours du défilé de nos poilus, pépères et bleuets...

Dans la décoration de la cité, vous avez mis, mesdames et mes-demoiselles, cette qualité exquise, toute française, essentiellement tourangelle : le goût.

Composé de dames et de jeunes filles de nos sociétés de la Croix-Rouge, de déléguées des écoles libres et municipales, de membres du Syndicat de la mode et de la couture, d'autres encore, — votre Comité a organisé ou suggéré les choses les plus charmantes.

N'est-ce pas dans vos réunions que fut élaboré ce projet merveil-leux et merveilleusement réalisé par MM. Lemoine, Montas et Albin, chefs des jardins et des travaux de la ville : la décoration de notre grande place, avec ses jets d'eau s'élançant au milieu de la blan-cheur d'une forêt de mâts et de pylones ornés de corbeilles fleuries, d'oriflammes, de guirlandes sorties de vos doigts ? Dressé dans la verdure, et tout de verdure, de fleurs, de transparentes mousselines, de couleurs tendres et gaies, combien était joli dans son harmonie discrète votre Arc de triomphe, exécuté à la pointe du boulevard Heurteloup par la collaboration de MM. Soulary, architecte ; Sauroy, décorateur, et Lefroid, tapissier, — tandis qu'en face éclatait dans sa splendeur tricolore, sur le fond sombre des arbres du boulevard Béranger, l'Arc de l'Union des syndicats professionnels patronaux, édifié aussi sur les plans de M. Soulary, avec la collaboration de l'éminent artiste M. Maurice-Mathurin, notre grand prix de Rome de peinture, qui, avec une parfaite bonne grâce, s'est donné sans compter, ainsi que plusieurs élèves de notre école des Beaux-Arts travaillant sous sa direction, pour composer médailles et écussons, frises et panneaux décoratifs, portant des figures allégoriques ou humoristiques, des dates et des noms glorieusement évocateurs...

Le goût exquis, la grâce féminine ont fait dans toute la cité une voie triomphale digne par son décor des incomparables soldats qui ont ramené la victoire aux drapeaux de France. Des brassées de feuillage et des bourriches de fleurs, qu'envoyèrent à profusion les parcs de nos châteaux de Touraine, vous avez fait un tapis sous les pas de ceux qui ont piétiné la boue sanglante des tranchées. Mais ce n'est pas seulement de palmes et de roses que vous jon-chiez le sol sur leur passage : au-devant d'eux, vous jetiez vos cœurs, ô Tourangelles !

Horace HENNION

AQUARELLE DE Mlle E. SONREL POUR LE LIVRE D'OR OFFERT AU 66e R. I.
PAR LES TOURANGELLES

LA CÉRÉMONIE A LA CATHÉDRALE

CROQUIS DE MAURICE-MATHURIN

Les fêtes furent annoncées le samedi soir à 5 heures 3/4 par le carillon général de tous les clochers de la ville. Un quart d'heure après, les portes de la cathédrale, encadrées de tentures de velours rouge et de palmiers, s'ouvraient toutes grandes, et Mgr Nègre, en *cappa magna*, entouré de son Chapitre, recevait l'Armée sur le seuil de l'église métropolitaine où allait se dérouler la majestueuse cérémonie, dont un assistant donne ce récit plein d'émotion religieuse :

Après quelques paroles de bienvenue, l'Archevêque entra, conduisant lui-même le Général en chef, que suivaient les autres généraux, les officiers et les soldats exacts au rendez-vous. Toute ornée d'une profusion de drapeaux tricolores, de faisceaux d'armes et d'une riche décoration florale due au concours du Comité des dames et jeunes filles, la grande nef ressemblait à quelque voie sacrée, aussi majestueuse que l'ancienne, tandis que s'avançaient le pontife et le soldat et qu'au grand orgue vibraient les larges harmonies de la *Marche héroïque* de Théodore Dubois, magistralement exécutée par M. l'abbé Lartilleux.

Quand tout le monde fut en place, la première pensée fut pour les morts. Lent, triste, profond, chanté par des voix d'hommes qui plus d'une fois sans doute l'avaient ainsi psalmodié sur les tombes ouvertes du front, le *De Profundis* s'éleva, remuant au fond des cœurs les souvenirs douloureux et les chères espérances, introduisant déjà les âmes dans les régions mystérieuses de l'au delà. Quand l'orateur monta en chaire, — c'était M. l'abbé R. Morçay, aumônier militaire au 9ᵉ Corps, et chapelain de la basilique de Saint-Martin, docteur ès lettres et croix de guerre, — l'on sentait déjà, au silence, au recueillement, à l'indéfinissable qui est l'indéniable aussi, la communion étroite de toute une assemblée dans un frisson, dans une émotion unanime; on sentait même déjà quelque chose de plus : la présence réelle de tous les disparus... Les convier à une prière commune, une prière d'actions de grâces, sembla l'unique but de l'orateur chrétien. Tour à tour il les appela de tous les champs de bataille, il les associa aux vivants; comme autour d'un autel, il les groupa tous autour de la cote 304, et c'est là qu'il les invita à entonner avec fierté le *Te Deum* des martyrs : *Te Martyrum candidatus laudat exercitus.* Voici cet admirable discours tout vibrant de patriotisme et d'idéalisme. Mais ce que des pages mortes ne diront point, c'est ce frémissement uniforme, cette identité de pensées et d'impressions qui, au même moment, étreignait toute la foule entassée dans les vastes nefs. De l'aveu de tous les assistants, on rencontre rarement une pareille communion d'âmes.

MONSEIGNEUR,
MESDAMES,
MESSIEURS,

« Dans les grandes actions, avait coutume de dire le grand Condé, il faut uniquement songer à bien faire et laisser venir la gloire après la vertu. » Ce fut votre devise pendant cinq ans, mes chers amis du 66. Au milieu des pires horreurs, vous avez songé uniquement à bien faire. Voici maintenant la gloire, et, au moment d'entrer dans son orbe de lumière, vous voulez en faire hommage à l'Éternel, en élevant vers les cieux l'hymne traditionnel de l'action de grâces.

Car c'est un *Te Deum* que vous venez chanter ici, et à ce signe nous reconnaissons tous la vaillante fierté et l'âme chevaleresque de votre beau régiment.

Non pas certes que vous oubliiez vos chers morts. Présents sans cesse à votre pensée, ils ont été mêlés intimement à toutes vos cérémonies du front, et votre premier geste, sur la terre conquise, a été de les honorer d'une façon grandiose. Mais

2 — Compte rendu des fêtes du 66ᵉ.

aujourd'hui, animés encore du souffle héroïque qui vous a soutenus durant ces cinq annnées, vous ne consentez pas à les voir autrement qu'ils vous sont apparus dans les grandes batailles, et, certains qu'ils sont entrés vivants dans l'Immortalité, vous les appelez ce soir pour entonner avec vous le même *Te Deum*, nimbé d'héroïsme et empourpré de sang.

Émouvant rendez-vous! Magnifique communion de toutes les âmes sublimes qui ont servi tour à tour dans les rangs du 66!

O mères qui êtes venues ici, domptant votre irréparable douleur afin de lever les yeux vers le ciel où vos fils vous attendent, arrêtez ce soir le flot de vos larmes. Regardez cette immense cohorte d'ombres glorieuses. Écoutez palpiter sous les voûtes séculaires de cette antique cathédrale les âmes des héros qui reviennent. Tous, ils sont là ce soir, ceux de Fère-Champenoise et ceux de Poëlcapelle, ceux de Neuville-Saint-Vast et ceux d'Agny, ceux de 304 et ceux de Sailly-Saillissel, ceux de Craonne et ceux de Rouvrel, ceux de Matz et ceux de Coubligny, ceux de Chassins, ceux de Saint-Gemme, ceux de la Meuse; ceux que des mains pieuses ont ensevelis et ceux qui ont été engloutis vivants dans les cratères des terres bouleversées; ceux qui dorment épars dans les champs de blé et ceux dont la dépouille a été pulvérisée par l'infernale débauche de la haine. Tous il sont accourus au cri de ralliement de leurs successeurs et les voici, troupe nombreuse, plus nombreuse, hélas! que celle des vivants, pareils à cette armée diaphane que l'on voit glisser dans le *Rêve* de Detaille. Écoutez-les passer dans des froissements de drapeaux et des frissons de victoire. Avec les vétérans des grandes batailles et les jeunes héritiers de leur courage, voilà le 66; voilà tous ceux que nous entourons ce soir d'émotion et de tendresse; voilà toutes les voix, voix du passé, du présent et de l'avenir, voix du temps et voix de l'éternité qui vont se fondre et se mêler afin de chanter du même rythme, — un rythme de vainqueurs, — le *Te Deum* des grandes victoires.

Et de quoi donc, messieurs, allez-vous remercier Dieu? Oh! sans doute du succès de nos armes. Car, vous ne l'ignorez point, si nous n'avions pas été vainqueurs, c'en était fait de la France. Amputée et mutilée pour toujours, elle tombait du coup au rang de l'Espagne; elle devenait une terre morte et, pour oublier sa défaite, tout en se donnant l'illusion de la vie, il ne lui restait que la misérable ressource de se vouer indéfiniment aux luttes stériles entre citoyens. Adieu, les grands progrès sociaux; adieu, la possibilité des régénérations temporelles; adieu, le rayonnement de notre pensée, de nos arts et de notre apostolat dans le monde. Tout cela, vous le savez. Mais, si la vaillance eût suffi pour vaincre, il y a longtemps que la victoire eût été acquise à votre drapeau. Malheureusement, cinq ans d'efforts inouïs ne nous l'ont que trop appris : il est des courages malheureux et des sacrifices sans lendemain. Pour que l'énergie humaine porte son fruit, il faut encore que s'y ajoute le bonheur. Et le bonheur, c'est le présent de Dieu. Aussi vous avez raison en le remerciant d'avoir conservé à la France sa place et son rôle dans le monde.

Toutefois ici, ce soir, en communion intime avec vos grands morts, sous ces voûtes majestueuses qui ont été et qui restent le plus haut refuge de la vie morale, ce dont vous devez surtout rendre grâce à Dieu, mes chers amis, c'est d'avoir été ce que vous avez été, c'est d'avoir haussé votre vie à un degré de noblesse que vous n'atteindrez plus, c'est d'avoir été grands, d'une grandeur sans alliage, d'une grandeur spirituelle qui restera l'immortelle et fulgurante splendeur de cette guerre maudite.

Non pas grands, mes amis, pour ce que vous avez souffert. Oh ! je le sais, vous avez souffert plus qu'aucune langue humaine ne le pourrait dire : vous avez souffert des embuscades traîtresses de la Marne, des flots boueux de l'Yser et de la Somme, des crêtes aveuglantes de l'Artois, des torpilles meurtrières de Craonne, de l'enfer de Verdun ; vous avez souffert de cette alerte sans repos qui vous a tenus cinq ans en éveil ; vous avez souffert des craintes qui oppressaient l'âme des vôtres ; vous avez souffert du chaud et du froid, de la pluie et de la neige, de la faim plus d'une fois, des déchirements de votre chair, des abandons mornes sur le champ de bataille, du sang qui fuyait de vos veines et de la fièvre qui vous brûlait et de l'anxiété torturante sur l'issue de vos propres combats ; par toutes les manières que peut inventer la haine et le parjure, dans votre cœur, dans votre esprit, dans votre chair, vous avez souffert à un inimaginable degré.

Et pourtant, pardonnez-moi, ce n'est point par là que vous êtes grands. Il est dans les bagnes et dans les hôpitaux des douleurs comparables, mais qui n'ont pas la même beauté. Car la souffrance n'élève pas toutes les âmes ; il en est qu'elle abat, qu'elle aigrit, qu'elle révolte. La souffrance ne grandit l'homme que lorsqu'elle est acceptée selon la formule des stoïciens antiques. Vous, vous avez fait mieux que de l'accepter : vous l'avez dominée, vous êtes allés au-devant d'elle ; je dirai plus : vous l'avez transfigurée et vous vous êtes transfigurés avec elle.

Plus d'une fois vos élans magnifiques se sont brisés contre un mur d'airain. Néanmoins, au premier signe de vos chefs, vous étiez toujours prêts. La Marne vous avait coûté cher : deux mois après vous descendiez, — non, messieurs, je reprends votre belle expression, — vous montiez aux tranchées de l'Yser. L'Yser vous avait décimés à deux reprises : quelques semaines plus tard, vous montiez à Neuville-Saint-Vast, auprès de ce brave 32, votre frère des bons et des mauvais jours que je m'en voudrais de ne pas saluer une fois ce soir avec admiration et respect. Vos blessés n'étaient pas encore guéris qu'une nouvelle saignée vous attendait à Agny. Et vous aviez à peine retiré vos membres enlisés dans les terres gluantes de l'Artois, que, tranquilles, résolus, sans la moindre hésitation ni la moindre défection, en dépit des rumeurs terrifiantes qui soufflaient sur le front, cette fois vous montiez à Verdun. On eût dit que chaque jour vous aviez juré de vous forger une volonté de plus en plus héroïque.

Oh ! quel dommage qu'ils n'aient pas été là tous ceux qui vous aimaient, toute cette généreuse cité, cette belle Touraine dont vous êtes l'orgueil, le jour où vous vous préparâtes à monter à 304 ! C'était quelques jours avant Pâques, dans le quartier de cavalerie de Sainte-Menehould. Par une appréhension trop justifiée, votre brave et populaire aumônier, dont vous me reprocheriez de ne pas faire apparaître la chère figure sur cette assemblée, le Père Raymond, promis à une mort prochaine, sonna l'alerte, l'alerte divine. Un seul appel suffit. Durant toute la nuit, les box, vides de chevaux, entendirent murmurer à l'oreille de prêtres étranges, vêtus de capotes bleues, la litanie des défaillances humaines et le chant mystérieux des résolutions viriles. Et quand le jour se leva après cette émouvante veillée d'armes, là-haut, sur la butte que frôlait déjà le vent de la bataille, quinze cents d'entre vous, cinquante officiers à leur tête, allaient recevoir le Pain des forts en attendant que, quelques instants plus tard, le régiment tout entier vînt ployer les genoux, au son des clairons et des tambours, devant l'Hostie eucharistique, éternel symbole de sacrifice et d'amour. Voilà comment vous vous prépariez aux combats... Vous en souvenez-vous ?... Vous en souviendrez-vous ?...

Vous pouvez maintenant entrer dans la fournaise. Avec des âmes ainsi transfigurées, où que vous alliez, vous n'irez ni à un enfer ni à un cimetière, mais à une arène de martyrs. Vous avez dit calvaire pour évaluer la mesure de votre souffrance ; je le dis après vous, mais pour en exprimer la grandeur, car ce calvaire fut un autel où, depuis l'immolation du Juste, s'accomplit le plus beau sacrifice, volontaire et rédempteur, qui puisse faire tressaillir l'humanité ; car ce jour de Pâques sanglantes vit se dérouler des prouesses merveilleuses, auprès desquelles pâlissent les plus beaux exploits de Roland ou de Napoléon : des hommes immobiles plusieurs jours sous une pluie de feu, sur une terre secouée comme par des convulsions sismiques, des hommes gardant leur raison dans ce torrent d'horreur, et ceci qui mieux que tout le reste illumine l'âme invincible d'une troupe, des blessés étendus sur le sol trépidant et oubliant leurs blessures pour passer des cartouches aux derniers tireurs. Qui sait ? ils sont peut-être ici ceux qui poussèrent à ce point l'héroïsme ! Ils sont peut-être dans cette assemblée, les sept survivants de cette compagnie presque anéantie qui disaient, au sortir de cette lutte dantesque : « Nous n'avons jamais rien vu de plus beau que notre capitaine au bois Camard, » tandis que, de son côté, les yeux brûlés par la fièvre et les larmes, le vaillant capitaine renvoyait à ses chers enfants le même témoignage d'admiration et de tendresse !

Vraiment, durant ces heures où vous avez été brisés, broyés, déchiquetés comme votre noble drapeau, un des plus beaux de l'univers, symbole parlant de vos misères et de vos gloires, vous n'avez pas seulement sauvé 304, et Verdun, et la France; vous avez été l'incarnation sublime de ce qu'il y a de plus grand dans l'âme de notre race : sa farouche énergie, sa fière ténacité, son incomparable dévouement et cet idéalisme sans rival qui s'appelle l'idéalisme chrétien. **Oh!** messieurs, avoir été cela une fois dans votre vie, avoir été une fois ces témoins magnifiques de la France éternelle, dites-moi s'il n'y a pas de quoi chanter le *Te Deum* des martyrs : *Te Martyrum candidatus laudat exercitus?*

Et maintenant, mes amis, maintenant que par votre magnanimité vous **nous** avez sauvé la liberté, l'honneur et la vie, permettez-moi, au nom de tous ceux qui vous entourent, de vous adresser une humble prière, la prière des sauvés à leurs libérateurs : *Pour nous et pour notre salut, restez grands dans la paix comme vous le fûtes au milieu des combats.* Continuez d'être parmi nous les mainteneurs de la grandeur française.

Nous sommes les puissants

écrivait jadis, dans sa symphonie héroïque, le poète Albert Samain,

> Nous sommes les puissants...
> Et c'est nous qui forgeons, surhumains ouvriers,
> Tour à tour, la vieille âme humaine à notre image.

Oui, forgez-la de nouveau, la vieille âme française, et forgez-la à votre image.

Durant cinq ans, par-dessus la chanson lascive du plaisir, vous avez modulé l'âpre chant de l'abnégation, du devoir et du sacrifice. Enseignez-le maintenant à la France entière, afin qu'à son tour elle se hausse à votre niveau et qu'elle renaisse plus belle, ayant inscrit à son frontispice les maximes de l'Évangile, que vous avez superbement magnifiées.

Durant cinq ans, aux jours de veille, comme aux jours d'assaut, comme aux jours de relève, vous avez eu dans les yeux une vision unique : la Patrie, mère commune et bien commun de tous les Français. Gardez au cœur, intact, inviolé et intangible, cet amour sacré, plus beau que celui des Grognards pour leur Empereur, car l'Empereur devait mourir, et la France est immortelle.

Durant cinq ans vous avez oublié les discordes intestines, vous vous êtes tendu loyalement la main sans vous demander rien d'autre que votre titre de Français. Ne vous abaissez plus à des rivalités mesquines, apprenez et étendez à la France le bienfait supérieur de la fraternité des armes.

Aux dernières heures de votre héroïque résistance à 304, deux d'entre vous avaient été placés, comme guetteurs, dans deux trous d'obus, avec la consigne de tenir jusqu'à la relève. Au bout d'un long temps, ne recevant plus d'ordres et ne voyant pas arriver de remplaçants, l'un d'eux se hasarda à aller voir ce qui se passait. Le régiment était parti; mais, le sergent qui les avait postés en sentinelles ayant été tué, nul ne savait qu'ils étaient là. Alors ils s'approchèrent l'un de l'autre et se donnèrent la main, puis, se tenant ainsi, ils partirent dans la nuit, trébuchant contre les cadavres, heurtant les souches mises à nu, tombant dans des fondrières creusées par les obus. De temps en temps ils apercevaient des lueurs et, pensant qu'il était resté des cagnas vivantes, ils y allaient, mais ne trouvaient que des phosphorescences trompeuses. Enfin, à force d'errer à travers ce champ de mort, guidés par le seul bruit du canon, ils arrivèrent, se donnant toujours la main, vers les terres intactes et le soleil levant. Ce furent vos deux derniers survivants de Verdun.

Oh! messieurs, puissent ces deux enfants, qui revivent peut-être ici, en ce moment, leur fantastique odyssée, puissent ces deux enfants, images de la plus touchante amitié, rester toujours notre lumière et notre exemple! La guerre est finie, mais la nuit s'attarde. Tous, qui que nous soyons, tenons-nous fortement par la main afin de travailler ensemble à refaire, à créer, s'il le faut, une France digne de ceux qui l'ont sauvée, digne de vous, mes chers amis du 66, et comme vous généreuse, idéaliste, fraternelle et infiniment grande: *Ainsi soit-il.*

Quand les dernières paroles furent tombées sur l'auditoire attentif, le souvenir des morts flottait encore sur l'assistance; mais c'était désormais un souvenir triomphant et glorieux. Le chœur, — un beau chœur d'une centaine de voix d'hommes, sous l'experte direction du maître de chapelle, M. le chanoine Gaulay, — entonna dans un superbe unisson l'hymne de Henry Février: « Pour nous, ils sont vivants les morts de la Patrie. »

Et le Salut commença, ou plutôt le *Te Deum,* car le reste de la cérémonie ne fut qu'un *Te Deum* chanté devant l'Hostie, *Te Deum* large, énergique, fortement scandé en un rythme martial. L'assistance s'y associa, et rien ne fut émouvant comme ce vieux chant d'action de grâces, riche déjà de toutes les reconnaissances du passé, proféré dans cette atmosphère de victoire, par les voix conjuguées des vivants et des morts. M. Bruinen, le chanteur si connu et si aimé à Tours, avait tenu à revenir exprès de Belgique afin de participer aux fêtes du 66e. Un peu après 7 heures, la foule immense s'écoulait, tandis qu'un chant de victoire, entrecoupé de sonneries militaires, jetait sur les dernières minutes de cette majestueuse cérémonie un rayonnement de triomphe.

COMPOSITION DE Mlle TH. DUCHATEAU POUR LE LIVRE D'OR OFFERT AU 66ᵉ R. I.
PAR LES TOURANGELLES .

LA MARCHE TRIOMPHALE

CROQUIS DE MAURICE-MATHURIN

Au matin, à son réveil, la population tourangelle eut un instant d'inquiétude. Le temps était sombre, et même, comme le jour pointait, quelques gouttes d'eau se mirent à tomber. Mais bientôt apparaissait le soleil radieux, un soleil de victoire.

Avant 8 heures, les sociétés patriotiques et divers autres groupements se dirigent vers la place de la Gare, où déjà s'assemblent également les troupes de la garnison. Suivant les ordres donnés, et que fait exécuter M. le colonel Vidé, major de la garnison, les troupes sont disposées sur la place de la Gare, face à la Préfecture : à droite, la musique du 66ᵉ, puis les officiers sans troupe, les officiers de complément, les officiers étrangers à la garnison et ceux des armées étrangères, les aumôniers des corps, les mutilés de la guerre, les blessés des hôpitaux et leurs infirmières ; au centre, s'alignent le 66ᵉ, les combattants du 266ᵉ, ceux du 70ᵉ territorial; à gauche, deux sections du 8ᵉ génie et trois sections du 5o1ᵉ d'artillerie d'assaut; les tanks sont alignés sur la chaussée.

Devant chacun des corps, les drapeaux avec leurs gardes d'honneur et les étendards.

Tous les fusils des soldats sont garnis de bouquets par une attention délicate du Comité des Tourangelles; les tanks sont couverts de fleurs, et les infirmières de la Croix-Rouge parent les blessés et mutilés.

A 8 heures 15, le rassemblement est terminé, et M. le général Galbruner, commandant de brigade, fait une rapide inspection des troupes sous ses ordres.

Les personnages officiels se groupent face à la gare. Ce sont: M. Ducaud, préfet d'Indre-et-Loire, accompagné de MM. Cruveilher, conseiller de préfecture, et Lambaire, chef de cabinet; M. Camille Chautemps, maire de la ville de Tours, et M. Marchais, adjoint; M. Faure, député; MM. Crocicchia, Briau, Delaittre, Guignard, Melin, Mockers, Badier, Lucas, Sudry, Perchery, Duval et Gallais, conseillers municipaux; Duport, procureur de la République; Bossebœuf, président de la chambre de commerce; Gueffier, président du tribunal de commerce; Delgay, commissaire spécial; Robin, directeur du laboratoire municipal; Claverie, chef des gares; Devivaise, inspecteur au chemin de fer, etc.

A 8 heures 3o, M. le général Garnier-Duplessix, l'actuel et brillant commandant du 9ᵉ Corps, arrive à cheval, suivi de son état-major. L'allure décidée, la distinction native de M. le général Garnier-Duplessix, petit, mince, élancé, en uniforme kaki, font tout de suite vive impression sur les spectateurs.

Le général Garnier-Duplessix s'approche du maire et du préfet et leur dit d'une voix ferme où perce pourtant l'émotion : « J'ai l'honneur de vous présenter mes régiments et leurs drapeaux; ce sont de beaux soldats et de glorieux insignes, et je suis heureux de les remettre entre vos mains. »

D'une voix vibrante, M. Camille Chautemps déclare : « Je vous remercie, mon général, de l'honneur que vous voulez bien me faire et dont je suis fier. Je ne saurais vous dire combien je suis heureux de souhaiter la bienvenue à ces vaillants régiments qui pendant cinq ans ont lutté pour le sort de la France et je puis vous dire par avance que la population tout entière s'apprête à leur faire, sur leur passage, l'accueil le plus chaleureux. »

M. le préfet ajoute : « Je ne puis que m'associer aux excellentes paroles que vient de prononcer M. le maire de Tours. »

« Je vous remercie et je vais avoir maintenant l'honneur de vous présenter les drapeaux, » repart le général en chef.

Les drapeaux se groupent au centre, et la sonnerie : « Au

drapeau « retentit, tandis que les soldats portent les armes et que les fronts se découvrent.

« Je vous remercie de cette bonne ouverture de fête, » dit alors simplement M. le général Garnier-Duplessix, qui se retire alors suivi des aumôniers, des mutilés, blessés et infirmières et, passant sous l'arc de triomphe, au milieu des vivats, se rend avec eux sur la place de l'Hôtel-de-Ville, ainsi que tous les personnages officiels, qui se groupent sur les marches du monument.

L'ouverture des portes de la Ville.

A ce moment, a lieu une cérémonie allégorique des plus charmantes. Sur le boulevard Heurteloup a été érigée une arcade de verdure, symbolisant une porte de la ville. Elle est barrée de rubans tricolores, et ce sont des enfants qui doivent, en les enlevant, ouvrir les portes au glorieux 66ᵉ.

Ces enfants, — filles et garçons, élèves d'écoles laïques ou religieuses groupés par Mᵐᵉ Dreux, Mˡˡᵉ Dupin et M. l'abbé Morçay, — quelques-uns orphelins de la guerre, adressent en chœur à M. le lieutenant-colonel Camors le compliment suivant :

« Monsieur le colonel,

« Chargés par nos papas et nos mamans de vous ouvrir toutes grandes les portes de la ville, pour notre salaire nous demandons à embrasser votre drapeau. Nos cœurs sont encore bien petits, pourtant ils savent déjà que c'est là tout ce qu'il y a de plus beau au monde. En y déposant ce baiser, monsieur le colonel, nous aurons embrassé, au nom de nos mamans et de nos sœurs, tous vos jolis petits soldats comme de grands frères que nous aimons.

« Vive le 66ᵉ ! Salut à vous, monsieur le colonel ! »

Droit sur son cheval, le colonel écoute cette requête des enfants agenouillés. Derrière lui se tient le glorieux drapeau du 66ᵉ qui n'est plus vraiment qu'une loque !... Visiblement ému, le lieutenant-colonel Camors répond :

« Mes chers enfants,

« Vous allez ouvrir les portes symboliques de la ville.

« Nous nous sommes battus pour vous éviter les horreurs d'une guerre future.

« S'il est une idée touchante et délicate, c'est bien celle-ci : faire communier, dans un même baiser, ces deux puretés, l'enfant et le drapeau.

« Au nom du régiment, je vous remercie. »

Une jeune fille, Mlle Chichery, ravissante allégorie de la Touraine, offre au colonel une gerbe au nom de la Société d'Agriculture. MM. Breton et Hubert mettent à son cheval des œillères et des flots de faveurs tricolores; M. et Mme Rabu fleurissent le drapeau; Mlle Liliane Breton, la canne du tambour-major.

Puis les rubans qui barrent la route sont écartés par les toutes mignonnes Mlles Aubert et Chichery, et le défilé commence, au son des marches entraînantes, sur le terre-plein du boulevard Heurteloup.

Le général Galbruner et son état-major ouvrent le cortège. Puis, la clique et la musique du 66e, le lieutenant-colonel Camors et le commandant Peyris, le drapeau du 66e. Des officiers de complément du 66e, les 1er et 2e bataillons du régiment avec mitrailleuses, les représentants du 266e et du 70e territorial, le 8e génie, les tankers.

Film Mondain-Gaumont.

JEUNES FILLES ET JEUNES GENS
OFFRANT DES FLEURS AU LIEUTENANT-COLONEL CAMORS
COMMANDANT LE 66e R. I.

Cliché PAPEGHIN.

L'arc de triomphe des Tourangelles [1]

D'un pas relevé, le cortège arrive à l'arc de triomphe élevé près de l'Hôtel de Ville par les jeunes femmes et les jeunes filles. Verdures et fleurs. De chaque côté, sur des estrades accolées aux piliers, de gracieux essaims de jolies Tourangelles qui couvrent au passage les poilus d'une pluie de pétales : hommage touchant du Jardin de la France.

Les autorités civiles et le général en chef se sont portés devant l'Hôtel de Ville, où, au passage, elles saluent les troupes qui défilent, cependant que de grands blessés, assis dans leurs fauteuils roulants, assistent à la glorification des exploits auxquels ils coopérèrent dans une douloureuse gloire.

---

[1] UNION GÉNÉRALE DES SYNDICATS PROFESSIONNELS PATRONAUX D'INDRE-ET-LOIRE. — COMITÉ DES TOURANGELLES

Comité d'honneur : Mmes la Comtesse LECOINTRE, présidente de la « Société de secours aux Blessés militaires » ; DREUX, déléguée des « Femmes de France » ; Camille CHAUTEMPS ; SOURDILLON, directrice de l'École Normale d'Institutrices ; Mlle DUPIN, directrice de cours de jeunes filles ; M. DU SAUSSAY, président de la « Société de secours aux Blessés militaires ».

Comité actif : Présidente : Mme CHAUVIGNÉ, présidente du Syndicat « Modes et couture ». — Vice-Présidentes : Mmes DUTHOO ; GUILLOT, secrétaire du Syndicat « Modes et couture » ; MAUREL. — Secrétaires : Mlles BARRÉ et LAURENT. — Trésorière : Mme MASSIE. — Trésorier général : M. HUGUET. — Membres : MM. l'abbé MORÇAY ; colonel DE GROSSOUVRE ; DE VAUPLANE ; Baron R. AUVRAY ; Horace HENNION, président de la « Société littéraire et artistique de la Touraine » ; Louis MIRAULT ; SOULARY et HARDION, architectes ; Paul BRIAND, président des « Amis des arts de Touraine » ; MAURICE-MATHURIN, artiste-peintre ; Mmes DUBREUIL-CHAMBARDEL, MIRAULT, LECLAIRE, MATHIEU, GUILLEMIN, COLLON ; Mlles MANCHET, DELAVAUX, LEPARMANTIER, LECLERC, GRASSET, LHUILLIER, SAUNIER, HARTMANN, GUILLONNEAU, HÉRAIL, MIRAULT, PINGUET, MILLET, BADIER, DEBENAY, DELAGENIÈRE, DIDIER, BARBE, JÉROME.

L'arc de triomphe de l'U. G. S. P. P.[1]

Traversant la place, que l'on pourrait dire noire de monde s'il n'y avait autant de toilettes claires et si la décoration n'en était d'un effet aussi gai, le cortège arrive à l'arc de triomphe érigé par les soins de l'Union générale des syndicats professionnels patronaux d'Indre-et-Loire.

----

[1] MEMBRES DU COMITÉ DES FÊTES DE L'U. G. S. P. P.

MM. Bossebœuf, président de la Chambre de commerce, et Pasquier, ancien président du Tribunal de commerce, présidents d'honneur de l' « U.G.S.P.P. »; Briau, président de l' « U. G. S. P. P. » et du « Syndicat des négociants en quincaillerie, fers et métaux »; Louis Mirault, secrétaire général de l' « U. G. S. P. P. »; E. Mabille, président du « Comité républicain du commerce et de l'industrie »; Pinguet-Guindon, président du « Syndicat horticole »; Lemoine, directeur des Jardins de la Ville; André Guignard, secrétaire adjoint de l' « U. G. S. P. P. »; Sauroy, trésorier adjoint de l' « U. G. S. P P. »; Hervé, président de l' « Union des Tanneurs » de Châteaurenault; Lemarié, président du « Syndicat des détaillants »; Bourin, président du « Syndicat des vins et spiritueux »; Perchery, président du « Syndicat des pharmaciens »; Boistard, président du « Syndicat des limonadiers-hôteliers »; Sudry, délégué du « Syndicat de la couverture-zinguerie »; Martin, président de la « Chambre syndicale du bâtiment »; Braud, Olivier, Champigny, Boué, Soulary, d'Espelosin.

Puis il s'engage sur le boulevard Béranger, qui, tendu d'arbre en arbre par de diaphanes bandes de gaze bleues, blanches et roses alternées, présente l'aspect d'une légère voûte irisée, au fond de laquelle se devine, au loin, le kiosque drapé de velours rouge à crépines d'or[1]. Une statue de l'excellent sculpteur tourangeau, M. Georges Delpérier, y est dressée : la maquette de son *Retour du Poilu.*

LE POILU
(Maquette de G. Delpérier)

Les jeunes apprentis Tonnellé l'entourent; ils acclament joyeusement les troupes qui gagnent le carrefour Saint-Éloi[2]. Un portique, avec sur son fronton l'inscription : « Gloire au 66e ! » et surmonté de faisceaux de drapeaux, y a été édifié sur deux colonnes de verdure émergeant de superbes massifs de palmiers, admirablement composés par l'architecte-paysagiste M. Decorges. Un groupe de fillettes offre des fleurs au colonel Camors. L'une d'elles est hissée par son père jusque sur la selle du vaillant soldat, qui l'embrasse aux acclamations de la foule. Le défilé continue par la rue Jules-Charpentier, la place des Halles, la place du Grand-Marché[3], les rues de Châteauneuf et des Halles[4]. Magnifiquement décorées de portiques de treillage garni de feuillage, de guirlandes de verdure et de fleurs, toutes ces voies commerçantes sont réellement devenues artistes pour la circonstance. Devant le théâtre municipal, sur une estrade, dans un joli ensemble décoratif, un groupe allégorique, composé d'aimables jeunes filles, sous la direction de M. Lebon, artiste belge, adresse un compliment et offre des couronnes.

---

[1] *Comité du boulevard Béranger :* Président : Dr DELAITTRE, conseiller municipal. — Vice-Président : M. G. DELPÉRIER. — Secrétaire : M. R. POIRION — Trésorier : Mᵉ VIOT, notaire. — Membres: MM. Fr. HUET, MÉTADIER, Marcel MIRAULT, Dr COSSE, Dr COSSON, DESCHAMPS, YVON, D. POIRION, CHANTREAU, Ch. DUBOIS, etc.

[2] *Comité de la place Saint-Éloi :* MM. CHICHERY, WEBEL, LANG, VALLIÈRE, PAJOTIN, LAFOND, DESGRÈS, DECORGES, architecte-paysagiste, etc.

[3] *Comité des Halles et du Grand-Marché :* Président d'honneur : M. O. PERCHERY, conseiller municipal. — Président : M. L. RICHARD. — Secrétaire-trésorier : M. MICHIN. — Collaboratrices : Mˡˡᵉˢ MAILLET, O. BRUN, Mad. MORÈVE, etc.

[4] *Comité de la rue des Halles :* Président : M. CHOIN. — Secrétaire : M. REGNARD fils. — Trésorier : M. DAMON. — Membres : MM. Marchais, Roseau, GAUDIN, etc.

Place Émile-Zola, arrêt, bien mérité, de dix minutes, qui permet à nos vaillants poilus de reprendre haleine. Place de la Cathédrale, nos héroïques soldats sont l'objet d'acclamations enthousiastes. Il en est de même également rue de la Scellerie, rue Lavoisier, rue Colbert [1], qui, elle aussi, a droit à une mention spéciale pour la façon dont elle a été pavoisée.

Par la place de Beaune et la rue Ragueneau, le défilé arrive

Cliché IMBERT.

LA DÉLÉGATION DU 70e TERRITORIAL (CAPITAINE L. MIRAULT) DÉFILANT
DEVANT LE GÉNÉRAL GARNIER-DUPLESSIX

Affecté au début de la campagne à la défense du camp retranché de Paris, le 70e R. I. T. tint ensuite, pendant vingt mois, le secteur du bois des Loges, de Canny, de Roye, de Vic-sur-Aisne. Puis, tour à tour, travailleurs, combattants, dans les secteurs de l'Oise, de Verdun, de Saint-Quentin, en Argonne, les soldats du 70e R. I. T. exécutèrent avec la même bonne volonté et la même tranquillité tous les travaux qui lui furent confiés. Héros modestes, souvent obscurs, à qui la France doit une part de ses victoires, on ne dira jamais assez ce que l'on doit à nos régiments territoriaux. Au 70e territorial revient le mérite d'avoir contribué à créer la puissante organisation défensive qui couvrit Paris et contre laquelle vint se briser la dernière ruée des Boches en mars 1918.

Au moment de l'arrêt de cette offensive, le ministre de la guerre de Prusse, von Stein, lors de la discussion du budget de l'armée en avril 1918, a donné à la grande commission du Reichstag les explications suivantes à cet arrêt imprévu :

« Les combats livrés jusqu'à présent nous ont permis d'atteindre les lignes occupées autrefois par l'ennemi. Mais il y a retrouvé des points d'appui qu'il utilise à son profit. Afin de les forcer, la continuation de la lutte est nécessaire. »

Aussi nos braves territoriaux peuvent se dire que l'effort qui leur fut demandé en 1915-1916 ne fut pas vain et que leur long et dur labeur a bien servi la Patrie.

---

[1] *Comité Colbert* : Présidents d'honneur : lieutenant-colonel LUCAS, conseiller municipal, et lieutenant-colonel DE LA ROBERIE. — Président : M. L. BOISSEAU. — Vice-Président : M. LIOUVILLE. — Trésorier : M. AUBERT. — Secrétaire : M. ANGE-LIAUME.

place des Arts. Devant l'ancien Hôtel de Ville, plus d'un soldat lève les yeux vers le fronton où demeure la brèche faite par un obus allemand pendant l'Année terrible.

Puis le cortège s'engage dans la grande voie triomphale que forme la rue Nationale [1], merveilleusement ornée de mâts garnis de torsades et flots tricolores, de branchages, feuilles et fleurs harmonieuses. Au moment où le défilé repasse place du Palais, la foule y est très dense, et les bravos et les acclamations ne sont pas ménagés à nos soldats.

Tout le long de l'avenue de Grammont [2], les habitants du quar-

Cliché A. BOUCHER.

LE 266ᵉ ET SA GARDE D'HONNEUR

Les aînés ont rivalisé de courage et d'endurance avec les jeunes. Pendant deux ans, les soldats du 266ᵉ eurent à lutter contre le Boche et contre la boue. Nomeny, Armancourt, Fossieux, Aulnois-sur-Seille, Reillon, Jaudelaincourt, Moivron, Pont-à-Mousson, Tavannes, Souville, Cavron, Champenoux furent témoins de longues heures de veille au créneau et de travaux de longue haleine. Le 266ᵉ fit partie de la 59ᵉ D. I. commandée par le général KOPP, qui est devenu notre compatriote. Il eut une part glorieuse dans les batailles de Lorraine, notamment à Aulnois et au Grand-Couronné de Nancy.

----

[1] *Comité de la rue Nationale :* Président : M. C. HUBERT. — Trésorier : M. HORTOLAND, Directeur de la Société générale. — Membres : MM. TESTOIN, MEYER, ARRODEAU ; M. BERNE, architecte ; Mᵐᵉ FOURNIER, fleuriste : M. BUTET, électricien.

[2] *Comité de l'avenue de Grammont :* Président : M. GOMBARD. — Vice-Président : M. VEILLARD. — Secrétaire : M. GUILBAUD. — Trésorier : M CHEVALLIER. — Secrétaire adjoint : M. BOULAIN. — Membres : MM. BERNE, architecte ; LARIDAN, fleuriste ; HAUTEVILLE, DUTOIS, LANNAULT, architectes-paysagistes.

tier ont également bien fait les choses : à l'entrée, deux hauts pylônes, puis des sapins verts entre les platanes; dans toute la verdure, des drapeaux, des banderoles, des oriflammes.

Place Saint-Étienne, M. Gombard, au nom du comité du Palais et de Grammont, adresse la bienvenue au colonel et au 66e et offre un fanion tricolore. Une superbe couronne, œuvre de M. Laridan, très admirée, fut, dans la soirée, transportée au cimetière et déposée sur les tombes militaires.

Place de la Liberté et boulevard Thiers, magnifiquement pavoisés [1], sont élevés une estrade avec groupe allégorique de jeunes filles et d'enfants et trois arcs de triomphe avec les inscriptions : « Bienvenue à nos poilus : 66e, 266e, 70e; » « Gloire au vaillant 66e » et : « Aux artisans de la Liberté. » Sur cette place, nouvel arrêt du défilé, compliment au colonel, fleurs, etc.

Puis, nos vaillants poilus reprennent leur marche, toujours alerte et pleine d'entrain malgré la longueur du parcours, et gagnent le quartier Baraguay-d'Hilliers, où le public, autorisé à entrer, les suit en foule.

Le lieutenant-colonel Camors, à cheval au milieu de la cour, s'écrie :

« Unis à la population, tous dans un même sentiment de patriotisme, élevons nos cœurs, car nous allons rendre les honneurs au drapeau. »

La sonnerie « Au drapeau » et la *Marseillaise*... Puis la foule s'écoule, tandis que les poilus invités par les familles tourangelles se hâtent de rejoindre leurs hôtes.

---

[1] *Comité du Morier :* Président : M. DESCHAMPS. — Vice-Présidents : MM. FORGES et IMBERT. — Secrétaire : M. GOUYET. — Trésorier : M. MARIÉTON. — Trésorier adjoint : M. LAMBERT. — Décorateurs : MM. DENAIS, PRÉTESEILLE, DESCHAMPS, jardinier-paysagiste.

LA RÉCEPTION A L'HOTEL DE VILLE

Croquis de MAURICE-MATHURIN

A 3 heures de l'après-midi, la municipalité recevait, dans la salle des fêtes de l'Hôtel de Ville, les combattants décorés de la croix de guerre et les mutilés.

Devant les fenêtres centrales avaient été disposés au milieu de plantes vertes les cinq drapeaux de nos régiments : 66e, 266e, 70e territorial, 8e génie et 501e d'A. S., qui, durant la cérémonie, furent tenus par un sous-officier de chaque unité.

Sur des chaises disposées dans la salle, prennent place d'abord les présidents des grandes associations tourangelles, puis les dames du Comité et enfin les invités.

Une délégation belge arrive avec une gerbe. Elle est suivie d'un groupe de jeunes filles apportant un superbe drapeau de soie portant sur une cocarde : « Offert par les jeunes filles du quartier Colbert et de la rue de la Scellerie. 1914-1919. »

A 3 heures 5 retentit la *Marseillaise*, exécutée par la musique municipale des sapeurs-pompiers qui, installée sur le palier de l'escalier d'honneur, va exécuter avec entrain pendant toute la réception des morceaux patriotiques et des refrains militaires.

Les autorités font leur entrée et prennent place dans les fauteuils de chaque côté de la table d'honneur. A droite : MM. Camille Chautemps, maire ; Ducaud, préfet d'Indre-et-Loire ; René Besnard, député ; les généraux Dubois, Kopp, Ambrosini, Chevillote ; le colonel Paillé, ancien commandant du 66e ; Mabille, conseiller général ; les colonels Seguin, chef d'état-major ; Fontaine, vétéri-

naire principal; Morel, du 8ᵉ génie; Joffet, du recrutement; de Villantroys; lieutenant-colonel Bauclin, du 266ᵉ d'infanterie; le docteur Guillaume; Lambaire, chef de cabinet du préfet; du Saussay,
président du comité de la Société de secours aux blessés militaires; Duport, procureur de la République; Pierre Chautemps,
président de l'Association des mutilés d'Indre-et-Loire. A gauche:
MM. les généraux Garnier-Duplessix, Bailloud, Galbruner, Poline;
le lieutenant-colonel Camors; le médecin principal Bonnet; le
sous-intendant Maratuech; Émile Faure, député; Marchais, adjoint
au maire; le commandant Miron, du 1ᵉʳ groupe d'artillerie; le
lieutenant-colonel Velprix, du 501ᵉ d'artillerie d'assaut; le commandant Roux; le lieutenant-colonel Vidé, major de la garnison;
Cruveilher, conseiller de préfecture; le capitaine Mirault, du 70ᵉ
territorial; le major Mac Morland; le lieutenant-colonel Wynn; les
lieutenants Bixby et Cornfel, U. S. Army, etc.

M. Camille Chautemps prend la parole en ces termes :

Mesdames,
Messieurs,

Depuis plusieurs mois, nous vivions dans l'attente de cette
minute émouvante et radieuse où les poilus héroïques du
66ᵉ d'infanterie, qui ont soutenu dans mille combats l'honneur de
notre Touraine et qui incarnent à nos yeux le sublime courage et
la gloire immortelle, défileraient dans nos rues aux acclamations
d'une foule enthousiaste et seraient accueillis solennellement
dans cette maison commune, autour de leur drapeau victorieux,
pour y recevoir l'hommage public de l'affection profonde et de la
gratitude infinie de la population.

Mes amis, dans cette journée d'apothéose, vous avez senti
vibrer autour de vous l'âme maternelle de la Patrie. Nos concitoyens, unanimes dans l'admiration et dans la joie, sont accourus
sur vos pas d'un élan spontané, pour vous exprimer les sentiments profonds qu'a inspirés à la Touraine votre superbe con-
duite pendant ces cinq années de misères et de sacrifices. Pas un
instant la noble et pure image de votre magnifique régiment n'a
quitté l'esprit et le cœur des habitants de cette ville. Ceux-ci ont
suivi pas à pas, par leur pensée émue, toutes les étapes doulou-
reuses de votre glorieux calvaire; ils ont partagé vos angoisses
et vos souffrances; ils ont pleuré avec vous vos grands morts,
qui étaient les leurs; ils ont ressenti l'orgueil de votre victoire et
la joie indicible de votre retour, et ils attestent aujourd'hui, par
leur grandiose manifestation, qu'ils vous entoureront à jamais
d'un amour sans défaillance et sans bornes, et que vous serez
honorés, par la cité reconnaissante, comme les symboles vivants
des plus hautes vertus de notre race.

Vous l'avez senti. C'est le peuple tout entier qui était avec

vous; toutes les classes de la société, unies dans une même
ferveur patriotique, rivalisaient d'ardeur pour fêter votre gloire.

Ce sont les enfants des écoles qui vous ouvrirent les portes de
la voie triomphale, pour vous exprimer la tendresse touchante de
la génération qui s'élève, et qui connaîtra, grâce à vous, la douceur de la liberté.

Ce sont les femmes et les jeunes filles tourangelles qui ont
voulu tresser de leurs mains les guirlandes des arcs de triomphe,
et qui vous offriront tout à l'heure un livre d'or, où elles ont mis,
avec le récit de vos plus beaux exploits, les nuances les plus déli-
cates de leur pensée. Ce sont les admirables infirmières de la
Croix-Rouge qui, ayant prodigué pendant cinq ans leur dévouement inlassable au chevet de nos blessés, ont revendiqué l'honneur de vous offrir la fourragère qui rappelle éloquemment la
supériorité de votre héroïsme. Les unes et les autres personnifient
nos foyers, que le rempart de vos poitrines a protégés de la des-
truction.

Ce sont toutes les grandes associations tourangelles, qui se
consacrent depuis de longues années à l'éducation physique et
morale de la jeunesse, au développement économique du pays ou
à la préparation de sa défense, et qui trouvent la récompense de
leurs efforts dans la magnifique victoire de notre armée nationale.

Ce sont toutes les familles tourangelles, enfin, qui ont répondu
à mon appel au delà de mes espérances, et qui ont tenu à honneur de vous recevoir à leur table, dans l'intimité de leur foyer,
pour vous montrer la sincérité et la profondeur de leur sym-
pathie.

Messieurs, cet hommage unanime du pays ne s'adresse pas
seulement aux jeunes soldats encore sous les armes, dont nous
avons admiré ce matin la superbe tenue. Nous associons dans
une même pensée de gratitude et d'amour tous les enfants de
Touraine qui ont accompli noblement leur devoir sur les champs
de bataille depuis le début de la guerre et dont le commun
sacrifice a également contribué au succès de nos armes.

Évoquons avant tout nos grands morts, martyrs à jamais
sacrés de la plus noble cause, dont le sublime sacrifice a été la
rançon douloureuse du salut de la Patrie. Nous graverons bientôt
leurs noms vénérés sur les murs de cet hôtel de ville, et nous
perpétuerons leur mémoire par un monument durable, qui exal-
tera dans l'âme des générations lointaines le plus pur amour de
la France et de l'Humanité, et le culte des héros qui sont morts
pour elles.

Rendons hommage une fois de plus, avec la même émotion, à
nos vaillants mutilés, qui connaissent notre affectueux respect
pour leur infortune et notre sollicitude pour leurs légitimes
intérêts.

Honneur aussi à tous nos anciens combattants, aux vieux de
notre 70ᵉ territorial, qui ont subi avec abnégation tant de priva-
tions et de souffrances et porté leur drapeau respecté dans les
secteurs les plus périlleux du front; à ceux du 266ᵉ, qui ont pris

part en Lorraine à tant de durs combats; à ceux du 32ᵉ, enfants héroïques de la Touraine dont nous regrettons l'absence aujourd'hui; aux courageux sapeurs du 8ᵉ génie et aux populaires tankers, qui se sont couverts de gloire en maints combats sanglants.

Honneur surtout aux anciens du 66ᵉ, qui, après avoir parcouru toutes les étapes glorieuses de la souffrance et de la victoire, et conquis par leur inlassable ténacité les citations magnifiques qui illustrent à jamais leur régiment, l'ont quitté en laissant aux jeunes le souvenir et l'exemple de leur bravoure invincible!

De tous ces héros, confondus dans notre admiration, il serait impossible de dire quels furent les plus vaillants. « Quand tu rencontreras un soldat du 66ᵉ, écrivait à son fils un témoin de leurs combats, salue-le bien bas, car les soldats de ce régiment sont tous des braves. » Quand on lit l'histoire, éloquente dans sa simplicité, du 66ᵉ pendant la guerre, c'est à chaque page qu'on voudrait pleurer d'émotion et de fierté, car la vie de ces enfants est le résumé fidèle de toutes les misères et de toutes les gloires de notre armée.

Depuis les journées tragiques et grandioses de la mobilisation, où la France, arrachée à son rêve pacifique, fut secouée d'un grand frisson de colère et d'espérance, et réunit sous ses drapeaux tous ses fils réconciliés, ils ne cessèrent pas un jour de combattre; il n'est pas un village célèbre qu'ils n'aient arrosé de leur sang, pas une bataille où ne soient tombés les meilleurs d'entre eux, pas une victoire qui ne soit due pour une part à leur courage et à leurs sacrifices.

La Lorraine, la Marne et l'Yser en 1914; l'Artois en 1915; Verdun, la Champagne et la Somme en 1916; l'Aisne et le plateau de Craonne en 1917; la Somme, la seconde Marne et la dernière offensive des Hauts-de-Meuse en 1918. Évocation tragique des exploits formidables de ces guerriers légendaires, dont chaque fait d'armes fut d'une grandeur surhumaine et qui atteignirent à maintes reprises les plus hauts sommets de la beauté morale.

En septembre 1914, alors qu'ils n'avaient connu jusque-là que le succès sur le Couronné de Nancy, demeuré inviolé grâce à leurs efforts, ils sont jetés tout à coup dans la fournaise de la Marne. Se croyant vainqueurs, ils apprennent brutalement les malheurs de la Patrie: l'armée française en retraite, l'envahisseur au cœur du pays et la nation menacée dans son existence. Avant d'avoir pu se ressaisir et mesurer l'étendue du péril, ils reçoivent le choc terrible d'une multitude d'assaillants enivrés par la victoire et qui se ruent avec une haine sauvage sur ce dernier rempart de la liberté humaine. Et malgré leur désespoir, ils n'ont pas reculé, ils ont lutté corps à corps, âprement, tragiquement, et ils ont tenu, et ils sont morts, jusqu'à ce que l'ennemi, étonné, hésitant, enfin épuisé et culbuté, refluât en désordre vers le Nord, perdant pour toujours ses espérances de domination universelle. Le soir de cette bataille, mille deux cent quatre-vingt-sept hommes manquaient à l'appel; mais la France et l'Humanité étaient sauvées de l'esclavage par la plus grande victoire militaire et sociale que l'histoire des hommes ait jamais enregistrée.

Le miracle de la Marne, il est tout entier dans les vertus sublimes de cette race indomptable et dans la supériorité morale de nos soldats citoyens. Il est dans le clair génie du grand chef qui fut assez sûr de l'héroïsme de ses hommes pour oser leur donner l'ordre, à cette minute suprême, de se faire tuer sur place plutôt que de reculer. Il est plus encore dans l'acceptation unanime de cet ordre effroyable, sans hésitation et sans amertume, par des hommes qui étaient quelques jours plus tôt des citoyens paisibles et pacifiques, et qui puisaient dans la haute conception de leur devoir patriotique la force de mourir pour l'honneur de leur drapeau.

En décembre 1914, sur l'Yser, le 66ᵉ combattit pendant plusieurs semaines, dans la boue sanglante et glacée des Flandres. Couverts de vêtements en lambeaux, les hommes ont enduré des fatigues surhumaines ; ils ont connu le froid et la faim, les nuits d'horreur et de sang, et en supportant ces souffrances sans une minute de défaillance, ils ont surpassé leur propre héroïsme et conquis ce titre populaire de « Poilu », qui demeurera éternellement dans l'histoire comme l'image pitoyable et magnifique de la misère, de la vaillance et de la grandeur de l'humanité.

Au printemps de 1916, quand le sort du monde se joua une seconde fois devant Verdun, quand les Allemands eurent lancé à l'assaut de nos positions l'armée la plus formidable de l'histoire par le nombre des hommes et la puissance du matériel, tous les poilus de France vinrent prendre leur part glorieuse de cette lutte gigantesque, et des milliers et des milliers d'entre eux payèrent de leur vie le superbe héroïsme de leur résistance opiniâtre. Mais un jour vint où, submergés par le nombre et écrasés par la mitraille, les plus courageux risquaient de fléchir. La France en péril fit alors appel à ses régiments d'élite, et le 66ᵉ écrivit de son sang la plus grande page de sa grandiose épopée. Sans autre abri, sur l'emplacement de ses tranchées détruites, que des trous d'obus tour à tour creusés et nivelés par un feu d'une violence inouïe, il tint jusqu'au bout avec une ténacité sans égale, et quand les Boches, ne croyant plus trouver un seul homme vivant dans cet enfer, lancèrent leurs colonnes à l'assaut, les survivants de cette phalange de braves, semblables à des morts magnifiques sortant de leur tombeau, trouvèrent la force prodigieuse de charger l'ennemi avec des pioches et des fusils brisés, d'enrayer son élan et de capturer des prisonniers appartenant à quatre régiments différents.

Après s'être illustré de nouveau dans les batailles sanglantes de 1917, sur l'Aisne et à Craonne, et en 1918 dans celles de la Somme et du Matz, où il rétablit par son mordant merveilleux une situation périlleuse pour notre armée, le 66ᵉ se retrouve de nouveau sur la Marne à l'heure décisive où l'ennemi, sentant le frisson de sa défaite prochaine, rassemble toutes ses forces pour la ruée suprême, où vont, par la vaillance des nôtres, s'effondrer ses dernières espérances. Et nos poilus, toujours supérieurs à eux-mêmes, conquirent, dans seize jours de combats acharnés, leur 7ᵉ citation, la 4ᵉ à l'ordre de l'armée, celle qui leur donne droit à la fourragère glorieuse que les Femmes de France leur offrent aujourd'hui au nom de la Touraine reconnaissante.

Enfin, ayant eu l'honneur d'être choisi parmi les plus belles unités françaises pour être donné en exemple aux jeunes troupes américaines, le 66ᵉ termina sa campagne par un superbe fait d'armes, en coopérant avec nos alliés à la brillante offensive de la Meuse, où il domina à ce point l'adversaire qu'il transforma son recul en déroute et mérita par son ardeur au combat la dernière et la plus élogieuse de ses huit admirables citations.

C'est ainsi que les enfants de la Touraine ont rempli leur devoir, avec une abnégation, une ténacité et un héroïsme surhumains, pendant ces cinq années tragiques où le salut de notre Patrie et la liberté des peuples ont été l'enjeu formidable des plus terrifiants combats.

Le 66ᵉ, que nous fêtons aujourd'hui, était bien digne des honneurs particuliers que nous lui décernons en le prenant pour symbole de tout cet héroïsme et en l'invitant à cueillir une moisson de lauriers. Mais nous ne séparons pas de lui, dans notre gratitude et dans notre affection, les autres régiments de cette ville, qui ont partagé ses souffrances et sa gloire, et qui ont fait preuve, à leur poste de combat, des plus hautes vertus militaires; et à cette heure solennelle où j'ai la fierté de traduire les sentiments de mes concitoyens, c'est devant tous ces étendards sanglants et magnifiques que je m'incline, au nom de la ville de Tours, avec une émotion profonde, faite d'admiration, d'amour et de respect.

Mon cher colonel, pour perpétuer le souvenir de cette journée triomphante, la municipalité a décidé d'offrir au 66ᵉ un témoignage durable de la reconnaissance publique. C'est à vous que je le remets, puisque vous avez l'honneur de commander aujourd'hui ce superbe régiment, dont vous étiez bien digne, car vous êtes Tourangeau d'adoption et vous avez donné de nombreuses preuves de votre valeur en conduisant au feu d'autres braves dont le courage s'égalait à celui des nôtres : le vaillant 135ᵉ d'Angers, et le 1ᵉʳ bataillon de ces admirables chasseurs, qui sont les premiers parmi les héros et les martyrs de cette guerre. Mais je veux associer à l'hommage que je vous rends les généraux glorieux qui ont mené le 9ᵉ corps à la victoire : le général Galbruner, qui a eu l'impérissable honneur de fermer à l'ennemi la route de Paris, à la tête des régiments tourangeaux, aux heures tragiques de juin 1918; le général Dubois, qui l'a commandé avec la plus grande distinction pendant deux ans et demi, et le général Garnier-Duplessix, dont la simplicité et la bravoure sont légendaires parmi ses soldats. J'y associe également notre illustre compatriote le général Bailloud, dont le cran et l'éternelle jeunesse font l'admiration de l'armée française, et que la Touraine s'honore de compter parmi ses plus vaillants poilus. J'y associe enfin tous les anciens colonels du régiment : le général Janin, qui l'avait instruit ; le colonel de Villantroys, qui a vécu avec lui les heures de sacrifice de la Marne et les souffrances de l'Yser, et dont la vive intelligence et l'excellent cœur sont justement populaires dans cette ville ; le colonel Quintard, qui mêla son sang à celui de ses hommes sur les champs de bataille d'Artois ; le colonel Paillé, le chef héroïque de Verdun, que j'ai été bien heureux de connaître aujourd'hui, dont les yeux luisent de l'éclat magique de l'idéal et qui jouit, parmi ses hommes rendus à la vie civile, de l'étonnante popularité qui est due à sa splendide vaillance ; le colonel Soulé, qui dirigea avec éclat ses derniers assauts victorieux.

Recevez cet objet d'art qui, dans une synthèse harmonieuse, résume tous les sentiments qui remplissent en ce moment nos âmes. Ce guerrier de bronze rappelle, par la solidité de la matière, le cœur puissant de vos soldats. Le bouclier qu'il tient dans la main gauche symbolise la résistance du pays, préparant sa défense à l'abri du rempart infranchissable de vos poitrines. Sa main droite est armée d'un glaive, qui évoque les offensives triomphantes par lesquelles vous avez défait l'ennemi. La palme qui vient de lui être remise s'identifie avec les honneurs publics que nous décernons aujourd'hui à notre armée victorieuse. Et enfin, par une heureuse coïncidence, le coq qui chante à ses pieds la victoire n'est pas seulement l'emblème de la France glorieuse, il est aussi celui que vous avez adopté pour le 66e, dont il exprime la noble fierté.

Vous le conserverez précieusement, j'en suis sûr, dans la salle d'honneur du régiment, où il constituera, pour les jeunes hommes des générations futures, une haute leçon d'honneur et de patriotisme. Il leur rappellera la gloire et les vertus de leurs aînés héroïques, et il évoquera pour eux la grande voix des morts.

Ceux-ci leur diront que la France est la plus douce des patries, et la liberté le plus précieux des biens pour les hommes de cœur. Ils leur diront que l'une et l'autre ont failli périr sous les coups perfides d'une puissance de régression, qui avait fait un rêve monstrueux de domination universelle.

Ils leur diront que les Français, unis dans le malheur par une fraternité féconde, surent élever leurs âmes aux plus hautes conceptions du devoir patriotique et sauvèrent le monde par leur abnégation dans la souffrance, par leur ténacité dans l'effort et par la splendeur de leur héroïsme.

Ils leur diront de ne pas oublier cette leçon de l'Histoire, d'aimer par-dessus tout la France et la Liberté, et, pour que l'une et l'autre ne soient plus jamais menacées, de consacrer tout leur effort, dans le culte de la Patrie, dans la concorde nationale et dans la fraternité humaine, au travail, à la production, au développement de la richesse et de la grandeur de leur pays.

Que les vivants fassent ici le serment d'entendre la voix des morts, et la France, victorieuse et prospère, resplendissante d'une auréole éternelle, rayonnera dans le monde, au milieu du respect et de l'admiration des peuples, de l'incomparable éclat de sa gloire et de sa pureté morale.

De cet admirable discours, prononcé avec une forte et véhémente éloquence, chaque période est saluée par des bravos et des applaudissements de plus en plus retentissants, dont les généraux donnent eux-mêmes le signal. A un moment même, l'un des sous-officiers du 66ᵉ qui accompagne le drapeau ne peut contenir son émotion et doit essuyer ses larmes.

Quand l'orateur parle du colonel Paillé et de ses braves, les applaudissements éclatent en triple salve, et ce sont d'interminables cris de « Vive Paillé ». Le colonel, très pâle, dit en quelques mots combien il est touché par cette poignante manifestation

M. Camille Chautemps lui répond : « Mon colonel, j'étais sûr qu'un officier aussi brave que vous, portant des récompenses comme celles qui vous ont été décernées, ne pouvait ne pas être acclamé. » Et comme les vivats redoublent en son honneur, le colonel Paillé s'écrie : Dites : « Vive la France ! »

La péroraison de M. Camille Chautemps est accueillie aux cris de : « Vive le général Garnier-Duplessix ! Vive le général Bailloud ! », et dans les vivats sont compris également tous les anciens commandants du 66ᵉ.

A 3 heures 45, M. Chautemps a terminé ; le colonel Camors lui serre la main, puis les généraux Garnier-Duplessix et Galbruner. Les commandants de la 9ᵉ région et du 66ᵉ embrassent les colonels Paillé et de Villantroys. Le moment est vraiment impressionnant.

Au nom du 66ᵉ, le colonel Camors prend la parole à son tour pour remercier le maire de l'accueil qui lui a été réservé. « Certes, dit-il, si le régiment fut à la peine, s'il a eu ses journées de souffrance, il est bien aujourd'hui à l'honneur. Il a été acclamé par le peuple du cœur de la France, où les sentiments se sont conservés aussi purs que le langage. » Le colonel remercie également au nom du bataillon d'Orient, que « dans votre esprit, dit-il, vous n'avez pas séparé de nous », et aussi au nom du 266ᵉ et du 70ᵉ territorial, car tous ont bien mérité les acclamations dont la population les a honorés. « Mais, continue-t-il, planant au-dessus de la foule, jetant au cœur de tous une émotion profonde, était le souvenir de nos morts. Et pour ceux-là, qui sont présents partout où se manifeste la reconnaissance nationale, je ne saurais vous remercier, car je dois, le premier et avec vous, les remercier moi-même. Ils ont été jusqu'au sacrifice suprême pour que la victoire nous soit acquise, et envers eux tous, réservistes accomplissant noblement leur devoir de soldat en pensant à leur foyer menacé, ou jeunes bleuets jetant leur vie dans un sourire, nous avons contracté une dette sacrée : c'est d'assurer, dans une paix respectée, la garantie d'une victoire réelle, mais chèrement acquise. »

Le colonel Camors parle ensuite de la puissance allemande et proclame la nécessité d'être forts, unis, instruits, outillés pour garantir la paix contre les dangers qui peuvent la menacer. « Et maintenant, conclut-il, évoquant avec une respectueuse émotion le souvenir des braves tombés pour la Patrie, au nom de tous ceux qui ont fait partie des 66e, 266e et 70e, au nom des camarades du bataillon d'Orient, au nom de ceux qui, rentrés dans leur garnison, ont actuellement la garde des drapeaux, joignant nos pensées aux vôtres, messieurs, qui représentez l'aimable Touraine accueillante à ses enfants retrouvés, permettez-moi d'unir nos cœurs et nos vœux à la prospérité de notre belle province et aux destinées glorieuses de notre France bien-aimée. »

Le commandant du 9e Corps se lève : « Je ne viens ici, dit-il, qu'en spectateur, en aïeul, en grand-père, pour assister au triomphe de ses enfants. Monsieur le maire, vous avez dit de si belles choses, que je me crois obligé de vous remercier de tout mon cœur. Lorsque j'étais sur le Rhin, je me préoccupais des honneurs qui seraient rendus à mes enfants. J'écrivis au général Réquichot pour le prier de veiller et de faire le nécessaire à ce sujet. J'ai su, par la suite, que nous serions fort bien reçus. Aujourd'hui, je vous fais l'aveu de ma faute, — si faute il y a d'avoir eu un doute. Vous avez fait à ces braves soldats une réception qui restera inoubliable. »

Le général parle de la Touraine, « pays de choses charmantes et admirables. » Il dit que les soldats ont été émerveillés et combien émotionnés par le bombardement de fleurs qu'ils ont eu à subir de la part de charmantes jeunes filles. Lui-même a été assailli par ce jeune escadron et s'est vu à sa merci...

Il termine ainsi : « Je vous remercie, monsieur le maire; on ne pouvait dire plus éloquemment des choses si grandes. Lorsque vous tous saluerez très bas nos troupiers, vous ne ferez que de rendre l'hommage qui leur est dû. D'ailleurs, c'est votre sang, votre race, c'est vous-même. A la veille du 14 juillet, lorsque je devais me rendre à Paris pour participer à la fête de la Victoire, j'ai lancé un ordre aux hommes qui restaient pour l'occupation de la tête du pont de Coblentz, leur disant que lorsque je passerai sous l'Arc de triomphe, je serai avec eux par la pensée. Je leur disais également : Tout n'est pas fini. Quand vous rentrerez dans vos foyers, il faudra travailler dans la vie comme dans la guerre. Nous resterons unis dans la fraternité et l'union contractées par le sang de quinze cent mille morts... »

Au nom des Poilus de Touraine, section tourangelle de l'Union des combattants, M. le docteur Louis Guillaume, le distingué chirurgien tourangeau, prend la parole. Il dit, entre autres choses chaleureusement applaudies : « Nous vous remercions, monsieur le maire, et par vous nous remercions le conseil municipal tout entier, d'avoir songé à associer les « Combattants de Touraine » aux fêtes qui saluent le retour de notre glorieux 66e. Vous êtes, du reste, des nôtres et vous appartenez à une famille qui, après avoir vu disparaître son chef, usé par le labeur écrasant entrepris à la tête du plus important hôpital parisien, a eu, de ses cinq fils, trois tués à l'ennemi. Des deux derniers, l'un, grièvement blessé, est à côté de moi avec l'Association des mutilés ; l'autre, engagé volontaire, évacué du front comme gravement malade, a pris à peine le temps de rétablir sa santé compromise et, en dépit des conseils prudents de la Faculté, a voulu consacrer le meilleur de son intelligence et toute son activité à l'administration munici-pale : c'est vous, monsieur le maire. »

Les applaudissements saluant les paroles du docteur Louis Guillaume n'avaient pas cessé que Mme Dreux, au nom de l'Union des Femmes de France, remet au colonel Camors la fourragère d'honneur, qui est attachée au drapeau du 66e par les colonels Paillé et de Villantroys, lesquels embrassent la précieuse relique.

D'autres souvenirs sont également offerts au 66e. Remise du Livre d'or des Tourangelles est faite par Mlles Madeleine et Jeanne Mirault, Barré et Laurent. Des poésies extraites de ce recueil sont dites avec infiniment de grâce et de talent par Mme Massie, et le capitaine Louis Mirault, qui est un de nos bons poètes de Tou-raine, déclame avec force et émotion un de ses généreux poèmes.

Un dernier mot de remerciement de l'héroïque colonel Paillé ; puis la manifestation se termine aux cris de « Vive la France ! Vive la République ! » Et la foule défile, dans un religieux enthou-siasme, devant les drapeaux exposés, ainsi que les cadeaux et souvenirs, en un beau cadre de verdure, au bas de l'escalier d'honneur, dans le péristyle de l'Hôtel de Ville.

*
* *

Tandis que se déroulait l'imposante manifestation à l'Hôtel de Ville, le public qui n'avait pu y assister s'était dirigé soit vers le vélodrome pour les sports athlétiques, soit vers la Loire pour les courses nautiques, soit vers le boulevard Béranger où la Lyre du Commerce et la Chorale Sainte-Cécile donnaient un concert très goûté des auditeurs, et à la place des Arts où la musique munici-pale fut fort applaudie.

Le soir, à la nuit, au milieu de splendides illuminations, la population se porta sur les quais de la Loire, où la fête vénitienne, organisée par M. Sudry, fut d'autant mieux réussie qu'elle ne traîna pas en longueur.

Le spectacle des fusées éclairantes, des flammes rouges embrasant les coteaux et la cathédrale, fut grandiose, et, avec les éclairs et le tonnerre du canon, « cela, — pour employer l'expression de M. le maire de Tours, — donnait l'impression du dernier combat, de la dernière victoire de nos glorieux soldats de Touraine. »

CROQUIS DE MAURICE-MATHURIN

APRÈS LES FÊTES

Le maire de Tours, adressant ses remerciements à tous les organisateurs, à tous les membres des groupements, sociétés ou comités de quartiers, à tous ceux enfin qui, par leur talent, leur activité et leur dévouement, ont assuré le succès de ces grandes fêtes tourangelles, a porté à la connaissance de ses concitoyens la belle lettre qu'il a reçue à cette occasion de M. le lieutenant-colonel Camors, commandant le 66ᵉ.

Tours, le 15 septembre 1919.

« Au lendemain de l'inoubliable journée où, d'un seul élan, d'un seul cœur, la population tourangelle a accueilli triomphalement ses enfants victorieux, je tiens à vous adresser, en mon nom personnel, au nom de mes officiers, au nom du 66e tout entier, l'expression de notre profonde gratitude.

« Soyez mon interprète, monsieur le maire, auprès de vos compatriotes, qui sont aussi un peu les miens, et laissez-moi leur dire, par votre intermédiaire, avec quel frémissement de joie nous avons retrouvé, au milieu du décor riant de votre belle ville, qui s'était faite plus belle encore pour nous recevoir, dans ce Tours, qui est comme une autre Florence « la cité des fleurs et des sourires », toutes les qualités traditionnelles des Tourangeaux, leur patriotisme ardent, leur goût raffiné et un enthousiasme que pouvait seul contenir le sens si français de la mesure et de l'harmonie.

« Mais parmi tant de manifestations touchantes de la chaleur et de la sincérité de votre accueil, l'une surtout est allée au cœur de mes braves soldats ; je veux dire cette pensée si profondément émouvante qu'ont eue vos compatriotes de les accueillir à leurs foyers en fête, comme les enfants de la maison.

« Quant au souvenir de nos grands morts, que vous surtout, monsieur le maire, avez si heureusement et si éloquemment évoqué, laissez-moi vous assurer qu'il a dominé pour nous l'éclat de cette fête.

« Soyez persuadé que leur mémoire sera pieusement conservée et que leur exemple ne sera pas perdu chez les générations de jeunes soldats qui viendront, sous le drapeau du 66e, apprendre à défendre une Patrie qu'ils auront su aimer dès le berceau.

« Veuillez agréer, monsieur le maire, l'assurance de mes sentiments très sincèrement et très cordialement dévoués.

« CAMORS. »

LE LIVRE D'OR

Parmi les souvenirs offerts au 66e, un des plus précieux, qui restera dans la salle d'honneur du régiment, sera le Livre d'or des Tourangelles.

Présenté dans un magnifique écrin de cuir bleu de France, doublé de soie blanche, le Livre, de maroquin rouge-garance, avec les armes de Tours, le chiffre du 66e et les dates 1914-1919, frappés en or, — admirable ensemble offert gracieusement par la maison A. Mame et Fils, et exécuté sous les ordres éclairés du directeur de la reliure, M. Dard, — le Livre d'or des Tourangelles renferme des pages de toute beauté.

C'est d'abord un frontispice à l'aquarelle gouachée, qui représente la foule de Tours acclamant nos poilus, œuvre d'une délicatesse exquise due à l'excellent artiste-peintre Ch. Liéron.

Deux hors texte : le premier, un *Hommage aux Morts,* une émouvante et admirable aquarelle de l'illustre artiste tourangelle Mlle Élisabeth Sonrel : « La France, le front ceint des lauriers de son triomphe, mais voilée de crêpes de deuil, la poitrine couverte de l'Egide, emblème de la justice, plane au-dessus d'un champ de bataille semé des tombes des héros morts pour elle. La floraison éclatante des coquelicots rougit cette terre arrosée du sang des martyrs ; elle leur apporte les lauriers de la victoire et les palmes de l'éternel souvenir. »

Le second, une Tourangelle accourant vers un bleuet : composition toute pleine de charme de la très distinguée artiste-peintre Mlle Thérèse Duchâteau.

Puis ce sont, sur parchemin, richement enluminé par Mlle Lepar-mantier, l'impeccable miniaturiste, les huit citations de notre glorieux 66e.

Suivent des poésies de Tourangelles, signées : L. Ulex, Marie M., Germaine Letard, J. Nélia Arvers, A. Dublineau-Ledac, Marie Vausselle, N. Deschamps, dans des encadrements fort joliment exécutés par Mlles Yvonne Farcy, E. Andrieux, Liliane Leclerc, etc. Ici des motifs militaires : casques et bidons, grenades et bandes de mitrailleuses, tambours, baguettes et cocardes, des médailles, des croix, des étoiles, des palmes, l'olivier, le laurier et le chêne. Et là des coqs triomphants et des aigles abattus, des ruines, des volutes de feux de bivouac ou de trépieds de temples, où se lisent les noms des grandes batailles, des grandes victoires...

Une seule pièce de vers ne porte pas une signature féminine : c'est un poème de M. Louis Mirault, capitaine au 70e R. I. T., que le Comité des jeunes filles força, d'acclamations unanimes, à accepter lui-même cette exception.

Les pages finales contiennent les milliers de noms des souscriptrices à l'arc de triomphe sous lequel passèrent nos régiments fleuris, ainsi que les noms des familles qui invitèrent à leur table nos Poilus.

Le Livre d'or, dont la direction fut confiée par le Comité des Tourangelles à M. Horace Hennion, président de la Société littéraire et artistique de la Touraine, avec la collaboration de M. Hardion, architecte, professeur à l'École des Beaux-Arts ; de M. Paul Briand, président des Amis des Arts de la Touraine; de Mme Dreux et de M. l'abbé Morçay, constitue le plus exquis hommage du Jardin de la France, terre privilégiée des Arts et de la Poésie.

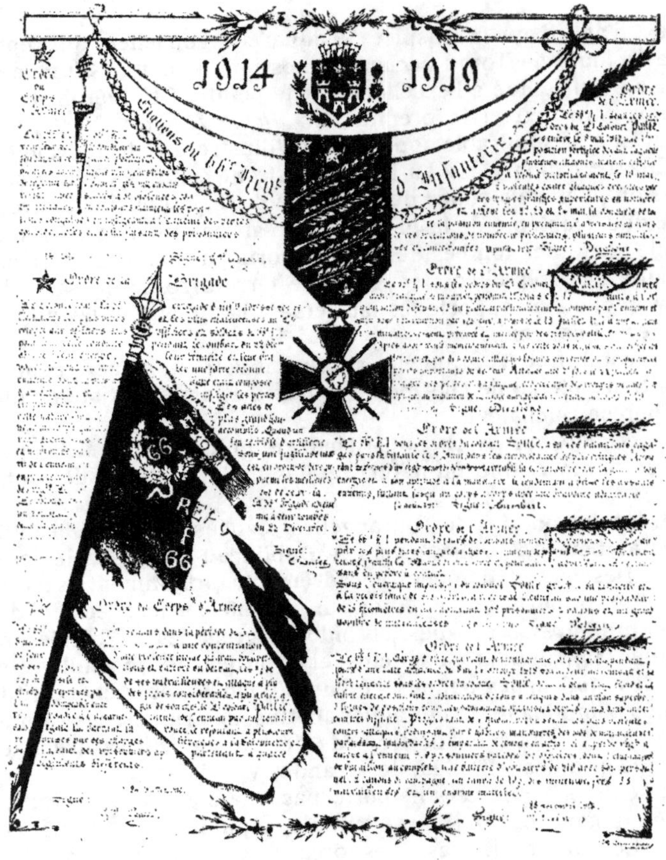

LIVRE D'OR — LES CITATIONS DU 66e R. I.
(Enluminures de Mlle Leparmantier)

Autre Citation. — Ordre de la 7e Dion de Cavalerie :

« *14 nov. 1914.* — *Au moment où les 125e et 66e régiments d'infanterie vont quitter les tranchées de Poëlcapelle pour prendre un repos bien gagné, le Général Commandant la 7e Division de Cavalerie, qui a eu le grand honneur de les avoir sous ses ordres, tient à exprimer à leurs chefs : le Colonel Deschamps, le Commandant de Villantroys, son admiration et celle de toute sa division pour la vigilance et l'abnégation héroïque dont ces deux régiments ont fait preuve. Constamment victorieux d'un ennemi constamment renouvelé, ils ont repoussé toutes les attaques et infligé à l'ennemi d'énormes pertes, malgré la fatigue épuisante de trois semaines de séjour dans la tranchée marquées de combats incessants de jour et de nuit. Les 125e et 66e laissent à la 7e Division de Cavalerie un magnifique exemple qui ne sera jamais oublié.* »

Au P. C., sur la route d'Ypres à Langemarck,

Signé : HÉLY D'OISSEL.

Hommage
aux Morts de la Grande Guerre

Soldats dont le trépas a sauvé la Patrie,
Ils vivent à jamais dans nos cœurs douloureux,
Et la Victoire au vol puissant plane sur eux,
Sur leurs tombes sans nom dans la terre meurtrie.

Toute femme qu'ils ont fidèlement chérie
Est fière d'être sœur ou fille de ces preux ;
Toute mère est leur mère : elle médite et prie
Près des veuves que hante un souvenir heureux.

Au milieu des splendeurs dont rayonnent nos armes,
Notre France, les yeux encor mouillés de larmes,
Porte en soi tous les deuils qui sont nobles et beaux.

Elle vous a conçus, artisans de sa gloire!
Les enfants, d'âge en âge, apprendront votre histoire :
La grande voix des morts bercera les berceaux.

Marie Vausselle.

Au 66ᵉ régiment d'infanterie

Après avoir souffert les tristes jours d'horreurs,
Dans la boue et le sang, dans la mort et la gloire,
Vous revenez enfin, et vos drapeaux vainqueurs
Frissonnent fièrement au vent de la victoire.

Salut à vous ! Voyez : pour mieux vous accueillir,
L'été met ses rayons au ciel de la Touraine ;
Les chemins, sous vos pas, viennent de se fleurir,
Et la Loire est plus bleue au tournant de la plaine.

Nous les avons cueillis pour vous, tous ces rameaux,
Ces fleurettes des champs, ces lauriers et ces roses ;
Pour fêter vos succès, seront-ils assez beaux?...
Nos cris vous feront-ils assez d'apothéoses?...

Mais, spectacle plus doux, peut-être, pour vos yeux,
Sous les coquets bonnets de légères dentelles,
Sous les chapeaux rieurs, pour vous brillent, joyeux,
Les sourires émus des jeunes Tourangelles.

Germaine Letard.

CROQUIS DE MAURICE-MATHURIN

Oui, je viens vous chanter, soldats de la Victoire !
Je vous vois, revenant dans un rayon de gloire,
L'air martial, avec un regard doux et fier,
Vous, notre cher orgueil de demain et d'hier.
Vous avez fait grandir de plus de cent coudées
Le renom immortel de toutes nos armées,

Et nous sommes venus pour vous porter des fleurs
Et saluer en vous nos braves défenseurs.
Honneur à tout jamais, ô sublime phalange !
Héros du vieux Verdun, de l'Yser, du Morhange,
Vaillants soldats de Foch, Joffre et de Castelnau,
Qui avez su garder la France et son drapeau !...

Vous en souvenez-vous ? Vous couchiez sur la dure,
Et vous alliez, souffrant la faim et la froidure,
Le sourire à la lèvre en narguant le péril !...
Qu'importait la rafale à votre cœur viril !
Sous l'ardente mitraille ou bien le soir dans l'ombre,
Méprisant le danger et sans souci du nombre,
Toujours debout, jamais lassés, toujours joyeux,
O Frères de Marceau, vous alliez glorieux !

Régiments de héros, toute notre espérance,
Où l'on mourait avec ces mots : « C'est pour la France! »
Vous voilà revenus maintenant parmi nous,
Et nous vous saluons très bas. Autour de vous
Nous nous groupons, le cœur tout rempli de tendresse.
De partout, on entend comme un chant d'allégresse
Fait de reconnaissance et de tout notre amour...
Tous heureux, nous fêtons, amis, votre retour.
Gloire à vous, nos vaillants! chers soldats que l'on aime!
Vivent notre France et le Soixante-Sixième!...

Mᵐᵉ A. DUBLINEAU-LEDAC.

Clairons, sonnez ; — battez, tambours! Vive la gloire!
Voici notre Six-Six, artisan de victoire,
Rapportant dans les plis sacrés de son drapeau
Les preuves du courage et du sort le plus beau.

Saluons-le, civils, car du sombre déboire
Il nous fit un triomphe ; il sauva notre peau,
Nos biens et notre honneur : offrons gaîment à boire
Aux vainqueurs, et pensons aux morts, dans leur tombeau.

Vétérans, mutilés, jeunes soldats, cette heure
Est celle où notre cœur déborde, et si l'on pleure,
C'est qu'en ce coin de France, où vous faites retour,

Enfants, femmes, vieillards, par leurs cris ou leurs larmes,
Montrant que vous avez su calmer leurs alarmes,
Acclament les Poilus de la Ville de Tours.

Marie M***.

Salut, beau régiment, régiment de Touraine,
Orgueil de la cité, gloire de notre plaine!

Cinq fois passa l'année!... Et nous nous souviendrons
Toujours de ce matin où le chant des clairons
T'appela, beau Six-Six, vers la chère frontière,
Pour défendre et sauver la France, notre Mère.

Tous étaient là : pères et fils, époux, amis,
Et, regardant partir ces visages chéris,
Que nos cœurs se serraient!... Pleins d'une noble flamme,
Ô soldats du Six-Six, vous emportiez notre âme.

L'idéal était haut, et le combat fut dur.
— Pour toute sainte cause, on choisit le plus pur. —
Vaste fut la moisson, en ton Jardin, ô France !
Avec les épis mûrs, les fleurs, ton espérance,
Se couchaient à jamais dans des sillons en sang,
Pour ta gloire plus belle et ton destin plus grand.

Salut, beau régiment, régiment de Touraine,
Orgueil de la cité, gloire de notre plaine !
Gloire à tout le Six-Six ! Car nos morts sont bien là
Dans ce drapeau haché, pour qui le sang coula.
A l'ordre fut cité huit fois votre courage,
Votre valeur aurait pu l'être davantage.

Salut, Amis vainqueurs ! A l'heure du retour,
La ville tout entière vous berce et vous accueille
Avec sa gratitude, en un élan d'amour,
Et d'un même baiser que le drapeau recueille !

Jeanne-Nélia ARVERS.

A leurs pieds

Couverts de poudre et de mitrailles,
Fracassés d'horribles entailles,
Tout mamelonnés et caleux,
Baignés de sang, brisés, hideux...
Qu'ils étaient beaux dans leur souffrance,
Les pieds de nos petits soldats
Qui se sont battus pour la France,
Ces pieds qui ne reculaient pas !

Ils avaient le don de l'attaque,
Sur l'Yser et dans son cloaque
Tenant cinq contre vingt et un,
A la Marne, à l'Aisne, à Verdun ;
Ils fonçaient à la baïonnette,
Ces pieds nerveux au sang français.
Le cœur étant près de la tête,
On ne douta point du succès.

Qu'ils furent beaux en Allemagne
Après les cinq ans de campagne
Au son cadencé des clairons
Foulant les petits pavés ronds !
Électrisés par la victoire,
Qu'ils furent fiers marchant au pas !
Qu'ils furent grands couverts de gloire.
Les pieds de nos petits soldats !

Et maintenant, comme l'antique,
Dressons la stèle et le portique,
Miracle aérien de fleurs,
Pour le retour de nos vainqueurs.
Qu'au chant des cuivres, des cymbales,
Le « Six-Six », marchant sur nos dalles,
Ait Tours entier et ses vivats
Aux pieds de ses petits soldats !

L. ULEX.

CROQUIS DE MAURICE-MATHURIN

Les voici !

Le joli coq gaulois, au grand rayon qui luit,
Fait entendre son chant. Et l'aigle noir s'enfuit.
Debout ! clairons, tambours ! c'est le cri de victoire,
C'est le souffle enivrant, c'est l'immortelle gloire !

. . . .

Nos braves maintenant, le devoir accompli,
Vont rentrer parmi nous. Écoutez ! Les voici !
La rumeur monte au loin, puis grandit, et tout vibre :
C'est le pas cadencé qui mit en fuite l'hydre,
C'est la clique éclatante, et la foule accueillant
Notre Soixante-Six d'un salut délirant.
Ah ! oui, regardez-les ! Tressaillez dans l'espace,
Triomphale clameur : c'est la France qui passe,
Notre France adorée et qui vit toute en eux.
Voici tous nos héros... Mais ils sont moins nombreux.
Les autres, où sont-ils ?... Dans la plaine assouvie.
Mais là-bas seule gît leur dépouille chérie :
Leur âme flotte ici dans les plis du drapeau,
C'est ce linceul sacré qui leur sert de tombeau.
Morts, vivants, tous présents, tous unis dans la gloire,
Tous, nous vous saluons, Poilus de la Victoire.

N. Deschamps.

La Voix du soldat mort

Aux Mères de ceux qui sont tombés au champ d'honneur.

Le drapeau glorieux du Soixante-Sixième,
Enfants de la cité, repose en ces lieux même, —
Et moi, barde à qui Dieu traça les durs labeurs
De chanter ici-bas et beautés et douleurs,
Plus troublé que le prêtre au premier sacrifice,
Ce soir je suis allé vers lui pour mon office ;
Et tandis qu'au quartier s'est apaisé tout bruit,
Sauf le pas familier d'un gardien dans la nuit,
A la Salle d'honneur, mystérieux prodige,
Voici ce que j'ai vu, vu de mes yeux, vous dis-je.
Auprès du lambeau saint qui dans la nuit brillait,
Un soldat, le front nu, farouchement veillait ;
Il n'avait plus qu'un bras, et son sang goutte à goutte
Tombant de son moignon s'égrenait sur sa route.

Et tandis qu'il allait, prêts à prendre leur tour,
Trois autres près de lui veillaient avec amour,
Et la lune éclairait de sa lueur blafarde
Le sublime haillon et les morts à sa garde.

J'hésitais sur le seuil, pressant contre mon sein
Une lyre impuissante, hélas ! à mon dessein.
Mais voici qu'une voix doucement fraternelle,
O merveilleux secours ! m'encourage et m'appelle :

« Poète ! prends ton luth, prends ! Le dieu des combats,
« Pour inspirer ton chant, nous délègue ici-bas.
« Puisque ton cœur est fait, frère, pour la souffrance,
« Il comprendra bien ceux qui sont morts pour la France. »

Et Dieu seul pour témoin, à leur barde pieux
Voici ce qu'ont dicté les morts mystérieux :

« Baisers frais de nos fils, baisers tendres des mères,
« Baisers fous de l'hymen mordus aux lèvres chères,
« La douceur du foyer, le calme du berceau,
« Nous avons tout donné, tout pour notre Drapeau !
« Mais quand, frappés à mort, nous roulions sur la terre,
« Nos yeux vers lui tournés, dans ses plis de lumière
« Nous avons tout revu : la maison, les petits,
« Et près du toit moussu, le clocher du pays ;
« Et sur ces bien-aimés et sur toutes ces choses
« L'étendard ruisselait en tons d'apothéoses.
« Et ce n'était partout que des fleurs et des nids,
« Des vergers embaumés et des champs pleins d'épis,
« Et le sang, doucement coulant de nos blessures,
« Fécondait les guérets et les moissons futures...

« Poète ! dis cela, dis à tous les vivants
« Ce que voient aux Drapeaux les soldats expirants.
« Va-t'en par les cités où l'humanité roule,
« Descends des hauts sommets pour parler à la foule ;
« Puis, accordant ton luth, pour mon fils orphelin,
« Chante-lui haut l'effort, sur tes cordes d'airain ;
« Fais passer dans son cœur cet amour dont je vibre ;
« Dis que le père est mort pour que l'enfant soit libre.
« Console aussi ma veuve, et dis-lui que je veux,
« Pour de nouveaux berceaux, frère, de nouveaux vœux.
« Puis, si tu vois ma mère, ô cherche sur ta lyre
« Un chant pour apaiser sa pauvre âme en délire.
« Ainsi qu'un amputé souffre d'un membre absent,
« Une mère, tu le sais, souffre dans son enfant.
« Pauvre petite chose, et rancœur et faiblesse,
« A qui tout rire insulte et qu'ici-bas tout blesse !

« Fais-toi petit, poète, et pour panser ses maux,
« Cherche ces mots légers flottant sur les berceaux,
« Et quand vers toi sera penché son beau visage,
« Oh ! couvre-le pour moi de baisers avec rage.
« Mets-en pour chaque ride à ce bon front tremblant,
« Mets-en pour chaque larme et chaque cheveu blanc.
« Et dis-lui, mon ami, pour calmer sa misère,
« Que, plus soyeux et doux qu'une robe de mère,
« Et pitoyable et tendre et tout grâce et beauté,
« Mon Drapeau bien-aimé repose à mon côté ! »

Louis Mirault,
Capitaine au 70e R. I. T.

Cliché A. Bouchu.

LES DRAPEAUX A LA MAIRIE DE TOURS
LES SOUVENIRS OFFERTS AU 66e R. I. — LE BRONZE DE LA VILLE DE TOURS
LE LIVRE D'OR DES TOURANGELLES

ACHEVÉ D'IMPRIMER LE 11 NOVEMBRE 1919

SUR LES PRESSES DE L'IMPRIMERIE MAME

POUR L'U. G. S. P. P.

COMITÉ DES FÊTES ET COMITÉ DES TOURANGELLES

SOCIÉTÉ
Littéraire et Artistique
DE LA
TOURAINE

LE MONUMENT DE NEUILLÉ=PONT=PIERRE

Œuvre du sculpteur-statuaire **G. DELPÉRIER**, vice-président de la Société Littéraire
et Artistique de la Touraine.

HOTEL DE VILLE DE TOURS = Samedi 6 décembre 1919, à 8 h. 1/2

Soirée de la Société Littéraire et Artistique de la Touraine

 PROGRAMME 

Allocutions par M. **Horace HENNION**, président
et M. **Gaston LUCE**, vice-président.

" De l'art de bien dire
qui est l'art de bien penser "

Conférence par Mlle **Jehanne d'ORLIAC**

avec exemples de Ronsard, Racan, Vigny, Desbordes-Valmore, Verhaeren,
Maerterlinck, Viélé-Griffin.

1. *a)* **Sonate** en *si bémol* majeur . . . . SCARLATTI.
   b) **Étude** . . . . CHOPIN.
   c) **Ballade** en *si* mineur . . . . LISZT.

     M. JEAN IATOWSKI.

2. *a)* **Messidor** . . . . René CHAUVET.
   b) **Werther** (*Les Larmes*). . . . . MASSENET.

     Mlle C. MOULLIÈRE.

3. *a)* **Le cheveu blanc** . . . . P. BEISSIER.
   b) **Le bon vieux temps** . . . . H. BESANÇON.

Au piano d'accompagnement : Mme AMBROSI
Piano de la Maison LÉVEILLAULT

SOCIÉTÉ
Littéraire et Artistique
DE LA
TOURAINE

But de la Société. Vulgariser les œuvres des vieux auteurs tourangeaux. Propager les productions littéraires et artistiques de nos compatriotes. Encourager la culture des Lettres et des Arts dans notre pays.

Avantages de la Société. Les membres *adhérents* (cotisation : 5 francs) ont droit d'assister avec leur famille aux 4 ou 5 soirées annuelles que donne la Société, gratuitement ou avec un droit de location minime. Les membres *titulaires*, artistes et littérateurs, sont convoqués aux réunions mensuelles. Leurs œuvres peuvent être inscrites aux programmes des soirées.

LE MONUMENT DE NEUILLÉ=PONT=PIERRE

Œuvre du sculpteur-statuaire **G. DELPÉRIER**, vice-président de la Société Littéraire et Artistique de la Touraine.

Soirée de la Société Littéraire et Artistique de la Touraine

PROGRAMME

Allocutions par M. **Horace HENNION**, président
et M. **Gaston LUCE**, vice-président.

" De l'art de bien dire
qui est l'art de bien penser "

Conférence par Mlle **Jehanne d'ORLIAC**

avec exemples de Ronsard, Racan, Vigny, Desbordes-Valmore, Verhaeren,
Maerterlinck, Viélé-Griffin.

1. a) **Sonate** en *si bémol* majeur . . . . SCARLATTI.
   b) **Étude** . . . . CHOPIN.
   c) **Ballade** en *si* mineur . . . . LISZT.

   M. JEAN IATOWSKI.

2. a) **Messidor** . . . . René CHAUVET.
   b) **Werther** (*Les Larmes*). . . . . MASSENET.

   Mlle C. MOULLIÈRE.

3. a) **Le cheveu blanc** . . . . P. BEISSIER.
   b) **Le bon vieux temps** . . . . H. BESANÇON.

BULLETIN D'ADHÉSION

(Nom
 et adresse.)   M ....

....

désire faire partie de la Société Littéraire *comme membre adhérent : 5 fr.*
ou membre titulaire : 10 fr. (rayer l'un des deux).

Remettre ce bulletin à l'un des membres de la *Société Littéraire et Artistique* qui le
fera parvenir au Bureau, ou bien l'adresser au siège social : 14, rue des Halles.

35820-19. — TOURS, E. ARRAULT & Cⁱᵉ

Au piano d'accompagnement : Mlle AMBROSI
Piano de la Maison LÉVEILLAULT

SOCIÉTÉ
Littéraire et Artistique
DE LA
TOURAINE

LE MONUMENT DE NEUILLÉ=PONT=PIERRE

Œuvre du sculpteur-statuaire **G. DELPÉRIER**, vice-président de la Société Littéraire
et Artistique de la Touraine.

Soirée de la Société Littéraire et Artistique de la Touraine

PROGRAMME

Allocutions par M. **Horace HENNION**, président
et M. **Gaston LUCE**, vice-président.

" De l'art de bien dire
qui est l'art de bien penser "

Conférence par Mlle **Jehanne d'ORLIAC**

avec exemples de Ronsard, Racan, Vigny, Desbordes-Valmore, Verhaeren,
Maerterlinck, Viélé-Griffin.

1. *a)* **Sonate** en *si bémol* majeur . . . . SCARLATTI.
    b) **Étude** . . . . CHOPIN.
    c) **Ballade** en *si* mineur . . . . LISZT.

    M. JEAN IATOWSKI.

2. *a)* **Messidor** . . . . René CHAUVET.
    b) **Werther** (*Les Larmes*). . . . . MASSENET.

    Mlle C. MOULLIÈRE.

3. *a)* **Le cheveu blanc** . . . . P. BEISSIER.
    b) **Le bon vieux temps**. . . . . H. BESANÇON.
    c) **Poèmes** . . . . G. LAJUDIE.

    Mlle ROLANDE DUFLOT.

) **Orphée** (*Chant de l'Amour*) . . . . GLÜCK.
     La Vie antérieure . . . . DUPARC.
) **Lamento** (extrait de *La Duchesse de Choiseul*) { poésie de P. SUZANNE. { musique de H. SARTEL.

    Mme P...

5. *a)* **LE SOIR AUX CHAMPS** (scène chorale pour
    4 voix mixtes) . . . . R. CHASSAIN.
    b) **A LA FRANCE !** paroles de J. FOUGERON, musique de Gaëtan CHAUVIGNÉ
    Chœur pour voix d'hommes.
    (Solistes : MM. Eug. CHÉNEAU et LEROUX).

    L'ORPHÉON DE TOURS : Chorale mixte,
    orchestre de la SOCIÉTÉ PHILHARMONIQUE,
    sous la direction de M. GAUDON.

Au piano d'accompagnement : Mlle AMBROSI
Piano de la Maison LÉVEILLAULT